④「アダムアンドイブ」のよもぎスチームサウナ。
⑤「ume,yamazoe」の外気浴。
⑥「イズバ」のここにしかないバーニャ。
⑦「サウナラボ神田」のイケサウナ。
⑧「The Sauna」のストーブ。

スマホのカメラロールは サウナの思い出アルバム

①面白イベント「寺サウナ」。サウナ後に寺で座禅して瞑想という僕には好物しかない夢のようなイベント。

②白銀荘の美しい露天。ドラマ『サ道SP』のロケ時。水、空気、サウナ、白銀荘はいつ行っても奇跡の施設だと思います。

③濡れてない頭巾ちゃん（レア）と今は無き旭川の八条プレジャーにて。クラシックでいい施設でした。

④大好きなサウナニュー大塚の水風呂。都電の音を聞きながらの外気浴もサイコー。

⑤十勝しんむら牧場ミルクサウナ。北海道の壮大な自然にかこまれた牧場の中で入るサウナは最高です。

⑥ニューウイング。吉田支配人のあくなき探求心に脱帽。新しいサ室もスナック吉田のBGMもサイコーです！

⑦最近お気に入りのサーマルクライムスタジオ富士のケロサウナ。これに入るために車で2時間以上かけて来る価値がある。

⑧ここもサイコー、佐世保サウナサンを体現するかのような心にしみる標語。早く帰りたいです。

⑨佐賀の大好きな場所、オクチル。初めて行ったときはあまりの良さに泣きそうになった。ここにしかない価値がある。

⑩今は無き豊の国健康ランド。息子とラグビーワールドカップを大分に観戦に行き、その夜ロビーで日本戦を見たことは一生の思い出です。

⑪九州のサウナ仲間との集会所キャビナス。サウナからの食堂での談義は至福の時間。屋上の露天もサイコー。

⑫京都伏見の酒蔵で行われた日本酒、サウナ、仕込み水風呂、熟成兄弟による最強のフルコースイベント。

⑬京都五香湯。町場の銭湯にしては信じられないスペック。サウナもアツアツでサイコー。

⑭結局地元一。水風呂、外気浴もある東十条のサイコーな銭湯。最近リニューアルしさらにパワーUP。

⑮『サ道』聖地巡礼ツアー紹介番組のロケにて。玉さんと四條食堂ご夫妻。人情の大切さを知る。

⑯タナカカツキさん兄弟＠神戸サウナ。館内着が似合いすぎ。

⑰『サ道』スカイツリーサウナ。TTNEさんにご協力いただきました。スカイツリー見ながらサウナに入れるなんて！

⑱『サ道SP』のインフォマに登場した熱波ベンジャーズ。おふろの国にて。

⑲元旦の朝6時、大好きなサウナセンター前。初ととのい。今年もここから始まりました。

⑳某所にある偶然さんの色紙。

はじめに

サウナのおかげで、今日も生きている。
今日も無事に入浴できたことを感謝しながら、つかの間の静かなひとときを過ごす。
ありがとうサウナ。あなたは本当にサイコーです。

2020年4月。僕は22年勤めたテレビ東京を辞めて実家の鉄鋼商社を継いだ。エンターテインメントに携わりながら生計を立てられるようになってはいたが、プライベートな事情もあり、さんざん悩んだ末に家業を継ぐ決意をした。と同時に、株式会社maroyaka《まろやか》というエンタメ会社を起業。テレビ東京の厚意もあり、いまもプロデューサーとしてドラマ『サ道』に携わらせてもらっている。

大好きだったテレビ東京を辞めると決まり、少しブルーになっていた僕は、ふと、自分の大好きなサウナについての文章を思いっきり書くことができれば前向きな気持ちになれるのではと考えた。ではどんな内容なら面白いだろう。僕はこれから経営者として家業を事業承継していく。ならば1年生経営者である僕が、日本全国のサイコーなサウナ施設を作り上げた先輩経営者の方々の話を聞く、そうすれば僕ならではのサウナドキュメントになるのではないか。もともと、ドラマ『サ道』でも原田泰造さん演じるナカタがサウナ施設の方々の話を伺うくだり

があり、興味をそそる内容ばかりだった。それをちゃんとまとめたい。というか、それを僕自身が読んでみたい。

『文春オンライン』での連載も決まり、取材を開始。すると世界はコロナ一色になった。

家業の方は緊急事態宣言の真っただ中で、当然得意先へのご挨拶などできるはずもなかった。それでなくてもエンタメから鉄鋼へというまったくの異業種からの転職だ。僕は途方に暮れた。まあ、僕だけではなく世の中全員がそうだったと思う。リモートワークのインフラ整備、運転資金の借入、助成金の申請、できることを手探りで進めていった。なんとか乗り越えられたような気もするが、わからないことや不安だらけの日々はいまも続いている。

そんな僕を支えてくれたのは、この取材を通じて話を聞いた諸先輩方の言葉であり、サウナ仲間たちだった。サウナはいつも僕のそばにいてくれた。サウナがなければいまの僕も、未来の僕もきっと存在しない。そして、そう考えている人は僕だけじゃないはずだ。

そんな思いの集大成がこの『サイコーサウナ』です。僕が行った全国の素晴らしいサウナ施設や出会った人々の熱いサウナ愛が詰まった、心も体もサイコーになれるサウナ本です。もしあなたが思い悩んだとき、サウナのように気持ちを少しでも軽くするお手伝いができればうれしい。

さあ、本を片手にサウナ旅に出かけましょう。サイコーの出会いがあなたを待っています。

目次

日本サ飯紀行

ロゴ＆カバー・本文イラスト　タナカカツキ
ブックデザイン　大久保明子
編集＆構成　辛島いづみ
DTP制作　エヴリ・シンク

五感がよろこぶサウナが

サイコー!

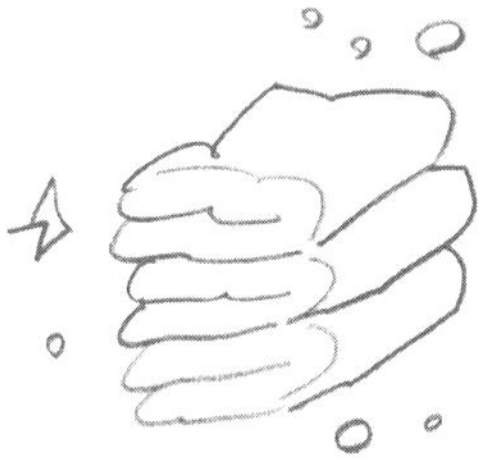

御船山楽園ホテル らかんの湯

(佐賀県武雄市)

真の「ととのい」を経験した規格外のサウナ

黒で統一された薄暗いサウナ室の真ん中に、ほのかな灯りにぼんやりと照らされて浮かび上がるIKIストーブ（注：フィンランド製のサウナストーブ。「IKI」はフィンランド語で「永遠」という意味がある）。ロウリュ桶にはアロマオイルではなく、自家焙煎した地場産のほうじ茶が入っており、ロウリュ時にほうじ茶の薫香がサウナ室に広がっていく。壁に刻まれた細い一筋のスリットからはほのかに外光が差し込み、御船山《みふねやま》に仕込まれたマイクがリアルタイムで集音している野鳥のさえずりや風のそよぎがアンビエント音楽のように流れてくる。しっかりと汗をかいた後は、武雄《たけお》温泉の軟水を16℃に冷却した水風呂で体を冷やし、休憩スペースで御船山の荘厳な岩肌を眺めながらゆっくりととのう――。

文春オンラインで『サウナ人生、波乱万蒸《じょう》。』の連載が決定してすぐの2020年2月某日。僕は博多でレンタカーを借り、佐賀県武雄市の「御船山楽園ホテル」へと車を走らせていた。『サ道』原作者のタナカカツキさんから「とにかくヤバいサウナが佐賀にある」とかねがね聞かされていたのだ。曰く、エ

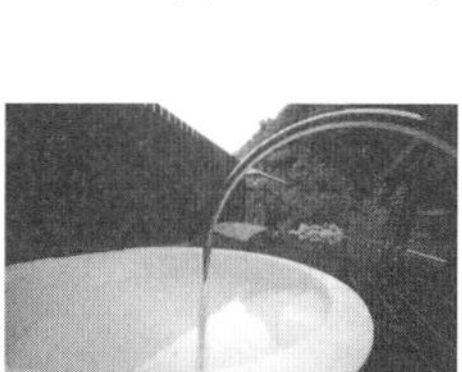
上質な温泉を冷却した水風呂。

ほうじ茶のほか、御船山の天然水のロウリュも。

安藤忠雄の光の教会を思わせるサウナ室。

ントランスホールにはアート集団「チームラボ」による光のインスタレーションがあり、サウナのスペックも大変なことになっている。露天から見渡す世界遺産級の日本庭園も素晴らしい。「ここでととのわなかったら全額払うから」と、カツキさんが言ったかどうかは忘れたが、せっかくなら、この連載の最初の取材は「らかんの湯」から始めようと決めたのだ。

博多を出発する前に、僕には会いたい人たちがいた。2018年に火事で焼失した福岡県宗像《むなかた》市にあるバーニャ施設「イズバ」の再建に向け、クラファンを手伝っているぷりかさんと村嶋勇紀さんのお2人だ（ちなみに、バーニャとはロシア語でサウナのことで、イズバとは丸太小屋のこと）。福岡のサウナの名店「ウェルビー」の前で待ち合わせをし、ぷりかさん行きつけの「喫茶・琥珀館」へ。ライスカレーとアイスコーヒーをいただきながら彼らの話を聞く。「イズバ」への熱き想いとボランティア精神で再建を手伝っているというその志の高さとピュアなサウナ愛に心打たれ、時間を忘れて聞き入る。その後は3人でサウナタイム。いまは無き「ホテルニューガイアイン中洲東」でショートコース。初対面の相手を「ニューガイアイン」に連れていく感じ、サウナーならわかると思うが、なかなかハードルが高い行為だ。彼らとはそこまで趣味が合い意気投合した、という話である。その後、九州を訪れる際は博多駅近くの「ホテルキャビナス福岡」で待ち合わせ、サウナ談議をしながら痛飲が定番に。

夏には池にプロジェクションされるチームラボの作品。

幻想的で人の心をとらえて離さない風景。

全室露天風呂付きの御宿竹林亭。調度品も小原がこだわってそろえた。

ぷりかさんのサ旅ブログ『九州サウナ放浪記』は必見だ。

そして僕は、風光明媚な武雄温泉郷に入った。車の窓を開ければ、空気のおいしさと空の広さを感じ、これは水もおいしいはずだと確信。早くもサウナ後の水風呂に想いを馳せ、はやる気持ちを抑えきれなくなってくる。「良いサウナあるところ、良い水あり」はサウナーの合言葉だ。「御船山楽園」の看板を見つけると左折し敷地へ。ロビーに入ると、チームラボのインスタレーション「光の森」が広がり、まずはその景色に圧倒される。これはまさに「楽園」。看板名に偽りなし。そして、柔和な笑顔が印象的な御船山楽園ホテルの小原嘉久社長が出迎えてくれた。

彼の案内で大浴場「らかんの湯」へ。熟練の観光ガイドよろしく、立て板に水ならぬ冷水のごとく心地よくよどみのない施設の解説。何百回とこの説明をされてきたんだろうと思いながら、優しい説明に聞き入った。

一通り説明を聞いた後は2人でサ室に入り、ほうじ茶でロウリュを。いまでこそアロマオイルでロウリュをするのは当たり前だが、「わざわざロウリュ用にお茶を焙煎してそれを煮出した茶でロウリュするなんてどうかしてる!」と大いに感銘を受けた。そして、温泉をチラーで冷やした水風呂、御船山を望む外気浴、本当にどれもこれもが規格外で開いた口がふさがらなかった。もしかしたら僕はここで初めて真の意味で「ととのった」のかもしれない。

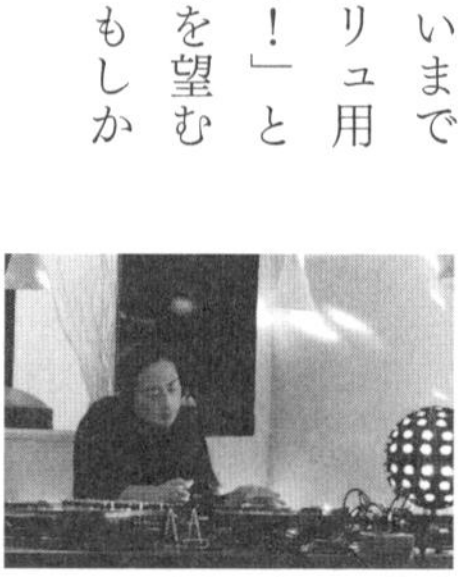
ハーモニーを生み出すDJと旅館経営は相通ずるものがある。

オーナー・小原嘉久。

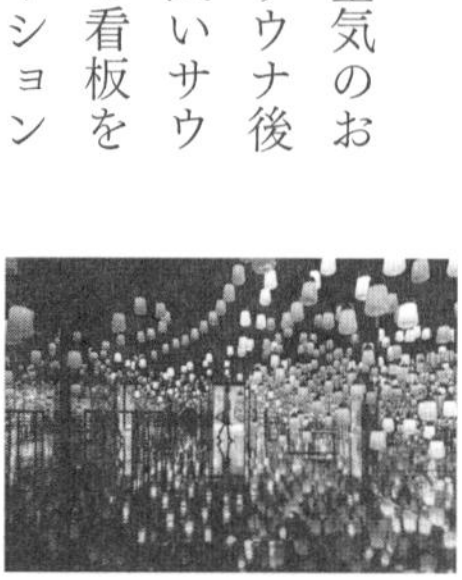
エントランスを入るとまず最初に現れる〝光の森〟。

しかしそんな衝撃体験も、その日のうちに上書きされることになる。敷地内にある地産地消のサステイナブルなイタリアンレストラン「kaji synergy restaurant」の料理に舌鼓を打ちながら聞いた小原社長自身の話だ。勉強家で博学の彼は、サウナが体に与える効果から脳科学、自然科学、音楽に至るまで、幅広いジャンルにわたって話が尽きず、とにかく面白い。親の病気をきっかけに家業を継承したこと、学生時代は音楽好きだったことなど、年齢の近い僕と重なる部分も多いのだが、いちばん惹きつけられたのは、映画『地獄の黙示録』でマーロン・ブランドが演じたカーツ大佐よろしく、森林の中にコツコツと自分だけの「楽園」を作り上げた彼の人生「波乱万蒸」物語であった。

男性側と対照的な明るい女性用サウナ。

日本最大級の薪ストーブサウナ。

暖を取りつつ景色を楽しめる浴場内の喫茶室。

サイコーの楽園を作った〝大佐〟の裏歴書
小原嘉久《こはらよしひさ》の場合

祖父が嬉野《うれしの》の温泉旅館を購入し、家業としての旅館業がスタートしました。その後、すぐ隣町にあった御船山を父が購入。山に生い茂る草木の香りで四季の移ろいを感じながら僕は育ちました。

やがて思春期になると音楽に目覚め、ハウスミュージックのDJを志すようになりました。大学を卒業すると上京し、旅行会社に就職しましたが1年で退職。音楽関係のバイトをしながらプロのDJを目指しイベントや作曲を行っていたんです。家業は兄が継ぐと思っていましたから。でも、まったく鳴かず飛ばず。親のすねをかじりながら生活するありさま。そんな霞を食うような日々が長く続くわけはありませんでした。

旅館の経営が傾き出し、父から「手伝いに帰ってこないか」と言われたんです。これまで本当に親不孝だったし、同時に父が糖尿病を患ったので、僕が手伝うことで家業のプラスになるのであればと、武雄に帰ってきました。28歳のときでした。

腹をくくって家業を継ぎ、いきなり12億の借金を抱える

仕事にもだんだんと慣れ、経営を少しずつ任されるようになりましたが、そうすると、本当にうちの経営ってヤバいんだな、というのが如実にわかってくるんです。結局、兄は継がないことになり、従業員80人の生活もかかっているし、幼少の頃から育ってきた大切な場所だということもある。やれるところまでやって、それでもダメなら最悪の場合は自己破産して責任を取ろうと腹をくくり、

32歳で代表取締役になることを決意しました。でも、美しく懐かしい御船山の景色とは裏腹に、僕が直面したのは目を覆いたくなる現実。代表になったらより深刻な財務状況が発覚し、いきなり12億円の債務保証書に印鑑を押しました。笑っちゃいますよね（笑）。営業すればするほど赤字状態。まさに経営破綻の一歩手前。その後しばらくして父も他界してしまい、とにかく一刻も早く経営を立て直し利益を出していかないと、本当に手放さなければならない状況に陥りました。

路頭に迷いました。父が亡くなり、経営の師匠を失ってしまったので、誰のアドバイスもないわけです。とにかく自分で勉強するしかないと、必死でマーケティングや経営学を独学しました。毎晩11時か12時ぐらいに寝るんですが、1～2時間後に目が覚めてしまう。そこからまたずっと仕事をして……。大きな岩に潰される夢をしょっちゅう見ましたし、ストレスと不眠のせいで不整脈まで起こって。ただ、当時は30代で若かったし、なにもよくわかっていなかったから乗り切れたと思うんです。もしそれがいまだったなら、体力もついていきませんし、たぶん首くくってると思います。そのくらいシビアな状況だったんです。

そして、旅館の若女将を務めていた妻が、その壮絶な日々のプレッシャーと仕事量に心が折れ、娘を連れて家を出て行ってしまいました。当時の僕は自分自身も追い込まれていましたから、妻のことまで気遣う余裕がまったくなく、「できないというのであれば、それはしょうがない」としか思わなかったんです。いま振り返れば、あの頃はちょっとどうかしていたと思いますね。

唯一無二の自然資産を遺したい

異常なほどの仕事量をこなしたかいもあり、2年で赤字経営から脱却できました。でも、12億も

の借金を抱え、妻や娘とも別れ、すべてを失ってまでも残したかったのはなにかと考えたとき、それは父から受け継いだ会社だけではなく、この御船山の原風景、１８４5年に武雄領主だった鍋島《なべしま》茂義《しげよし》が作り上げた壮大な池泉回遊式庭園でした。

実家の手伝いをすると決め、28歳で戻って来た春、ツツジが一面バーッと満開に咲いた風景を目の当たりにしたとき、国籍、性別、年齢も関係なく、人類共通の美意識に訴えかける「全人類の財産」だと思いました。小さい頃から見尽くした景色のはずなのに、改めて見ても本当に美しい。御船山という唯一無二の素晴らしい自然資産を遺したい。それが僕の旅館経営の精神的支柱になっていたと思います。

どうにか経営が安定するようになってからは、もっとクリエイティブな旅館経営ができないかと考えるようになりました。音楽をやっていたときから、「オーディエンスとの関係性」は常に考えていたんです。例えば、クラブでＤＪをするときに、独りよがりの曲を流していても全然盛り上がらないし、流行りの曲ばかりかけていては個性がなくなる。つまり、自分の個性を出しながらも、オーディエンスに共感し共有してもらうことが大事なんです。それは旅館経営もまったく同じ。旅館のスタッフだったり料理だったり庭だったり、いろんなパートをうまく構成し、魅せて楽しませることがとても重要なんです。そう考えると、旅館経営って、本当にクリエイティブな仕事だなと。

そんなとき、チームラボの「秩序がなくともピースは成り立つ」という作品を知りました。3Dホログラムによって映し出された人や動物たちが演奏したり踊ったりするんですが、鑑賞者がそれに近づくと、演奏や踊りをやめたり、リアクションをしたりする、そういうインタラクティブ作品なんです。それを見たときに、非常に感銘を受け、ホログラムで立体的な絵巻物の世界や鳥獣

を御船山の庭園に表現することで、子供も大人も楽しめるアート空間になると考えたんです。

そして、チームラボとコンタクトを取り、コラボレーションが決まりました。代表の猪子寿之《いのことしゆき》さんが「日本には素晴らしい自然や歴史をもつ場所、特異な文化を残す場所が多数ある。そこに新たな価値を付加し拡張することで、その空間をより魅力的なものにできるかもしれない」と言ってくれたことをよく覚えています。３００万年前、有明海から隆起して生まれたという御船山の長い歴史をリスペクトしつつ、新たなる価値を、と。

第1回目の展覧会では、庭園の池全面をプロジェクションマッピングし、庭全体を演出しました。竹灯籠や星や月まであって、それらを高台から眺められるようにして。すると、宇宙空間と御船山が一体化したような世界が広がり、それを鑑賞したみなさまが、その感動を次々とＳＮＳにアップしてくださった。こちらの想いが伝わっているのがわかり、すごくうれしかったですね。

御船山を現代の湯治場に

家業を承継してから15年あまりが経ちました。御船山の庭園も、紅葉シーズンに３００人程度だった来場者が年間10万人規模に激増しましたし、いまようやく自分の理想とする「楽園」の形になってきたなと感じています。

御船山の庭には奈良時代の仏僧・行基《ぎょうき》が彫った五百羅漢像があるのですが、実は、現存する数少ない古代サウナ「塚原のからふろ」（香川県）も１３００年ほど前に庶民の病を治すことを目的として、行基によって作られたそうなんです。すごく運命的なものを感じました。確かに温泉旅館というのは湯治場になりうるなと。疲労回復の効果がある温泉に入り、サウナでくつろぎ食事をする。やっぱり、自律神経を刺激し血流を良くした後の

ご飯って本当においしいし、美しい庭や、チームラボの作品を見れば美的感覚も研ぎ澄まされ、幸せな気持ちになれる。これを実現できる温泉旅館こそが「現代湯治」すなわち、社会の中で豊かさや癒しの新たなハブになると僕は思うんです。

いままですごく苦しい中、経営を立て直すために「やらざるを得ない」こともたくさんありました。そこから解放されつつあるいまは、経営者としての限られた時間の中で、自分と社会とがつながる「いいもの・好きなもの」に集中して取り組んでいきたいなと。その中軸となるサウナプロジェクトは2018年から始まり、19年には大浴場のリニューアルが完了。男性大浴場には、御船山の天然水と佐賀嬉野産ほうじ茶によるセルフロウリュを楽しめるドライサウナと16℃に冷却した温泉水を使った水風呂、御船山の自然を感じながらの大露天風呂、外気浴スペースを備え、女性大浴場には、セルフロウリュとキューゲル（サウナストーブに載せて香りを愉しむアロマボール）を楽しめるかまくらのようなドライサウナと、17℃に冷却した温泉水を使った水風呂、スチームサウナ、露天風呂、外気浴スペース、自家製プリンやデトックスウォーターを愉しむ喫茶スペースも備えました。そして21年には、男女が一緒に入れる薪ストーブのサウナが完成。これは武雄の間伐材の薪を使い、御船山のサウナストーンで温め、御船山の地下水でロウリュができるサステイナブルなサウナです。さらに森と星々を望むガラス張りの休憩室も完成させました。

コロナ禍で人々はどんどんネガティブな気持ちになり、精神的にも肉体的にも弱っていると思います。サウナは少なからず人々の心をほどき、不安から解放してくれることに役立つと信じています。僕も苦労はたくさんありますが、サウナに入って休憩しながら夜空を眺めていると、大抵のことはどうでもよくなるんです（笑）。

御船山楽園ホテル
らかんの湯

㊟佐賀県武雄市武雄町大字武雄4100

☎0954-23-3131

㊔8：30～24：00（予約制・定員制）

㊡無休　㊕¥4,800～

宿泊可　食事処あり

www.mifuneyama.co.jp

薬湯もおすすめ。

大自然に囲まれたサウナ小屋が

サイコー！

The Sauna

（長野県上水内郡）

湖畔のサウナ小屋と雪溶け水の水風呂、もうこれでいい

２０２１年１月、冬晴れのある日。僕は、長野駅でレンタカーを借り、市街地方面に向かって山道をひたすら上っていた。運転すること40分。民家が減り、本当にこっちでいいのか？　と心配になる頃、「ＬＡＭＰ野尻湖」の看板が目に入る。はるばるやって来たなという感慨、木々の間から望む野尻湖の美しさ、木立に囲まれたログハウスの佇まい、そして車を降りた瞬間に感じる空気のおいしさ。早くも脳がリラックス状態になっているのがわかる。

宿泊施設は古いながらもきちんと手入れされ、今風におしゃれにリノベーションも施されている。入口にはカヌーが飾られており、野尻湖でのさまざまなアクティビティがここを拠点に愉しめるよう作られている。

今回の目当ては敷地内にあるサウナ小屋「The Sauna」だ。共同浴場で水着に着替えると、バスタオルを羽織って外に出る。足早にサウナ小屋へと向かう。冬の冷たく澄んだ空気が、これから神事を行うかのような厳かな気持ちにさせる。サウナに入るだけなのに。

すべてはここから始まった。１号棟ユクシ。

燃えさかるストーブが目にも心地よい。

静かなサ室に響くロウリュ音。

サウナは手作りのログハウス。内部は熱源の薪ストーブを中心に左右対称にベンチがある。天井は低く、最高のセッティング。音が一切ない静かなサウナ室の中でロウリュをすると、薪で熱されたサウナストーンたちがジュワァァァァァァァァ〜ッという最高の音を奏でた。それは、いままでどこの施設で聴いたロウリュの音よりも長く、美しい。クラシックの殿堂サントリーホールでオーケストラを指揮しているような気分にさえなってくる。

最適な湿度と温度、小屋内にたちこめる薪の薫香。もはやこれ以上のものはない。そして、その最高のセッティングを保つために定期的にスタッフがつきっきりで火の番をしてくれる。

最高の状態で蒸された後は、ワイン樽にかけ流した黒姫山の雪溶け水の水風呂へザブン！　頭まで浸かると身も凍るほどに冷たいが、水質の柔らかさに圧倒される。ちなみに、夏の場合は目の前にある野尻湖へのダイブが可能だ。

水風呂から上がると目の前のととのい椅子へ。ここは環境そのものが最高の外気浴。体をふき、天を仰ぐと枯木の間からのぞく澄み渡る青空。

「もう、これでいい」

フィンランドのスモークサウナを彷彿させる、唯一無二、手作りのサウナ小屋。それを一から作り上げたのは、「The Sauna」の支配人、野田クラクションベベー。この珍妙な名前の男の人生もまた、波乱万蒸だった。

かけ流しの水風呂。

外気浴から空を望む。

変わった名前の支配人。

サイコー〝サウナビルダー〟の裏歴書
野田《のだ》クラクションベベーの場合

「The Sauna」は、ホームページやウェブ制作をメインにしているLIGという会社が運営しているんですが、僕はインターンの面接を受けたときに社長の吉原ゴウ（注：2022年から会長を務め、同年9月に退任）に「なんでもやります」と言ったんです。すると、「え、ホントになんでもやれる?」って質問されて。で、いきなり「とりあえず名前付けよっか。じゃあ野田クラクションベベーはどう?」と（笑）。そりゃ一体なんですか？　と聞いたら、かつてロシアの2人組ガールズユニットt.A.T.u.が来日したとき、テレビ朝日の『ミュージックステーション』に出演する予定だったけれど、出番になっても楽屋から出てこなくて結局出演をドタキャンした事件があって、そのときにミッシェル・ガン・エレファントが尺を埋めるためにサプライズで歌った曲が「ミッドナイト・クラクション・ベイビー」だった、と社長が説明してくれたんです。「これこそロックだろ、人はみんなロックに生きなきゃいけない。お前も〝野田クラクションベベー〟という名前でいけ」と熱弁をふるわれて。なんだかよくわかんないけど、なんでもやるって言ったしなって（笑）。

インターンとして採用されたんですが、その後も「テント野宿でアメリカ横断」とか、「1カ月でTシャツ400枚売る」とか、「ラッパーを目指して投げ銭で生活」とか、昔の『電波少年』を地で行くみたいなミッションが社長から次々に来ては、それと格闘する日々をブログに投稿するのが僕の仕事で、ムチャぶりの極みでした（笑）。とにかくページを見てもらわなきゃいけないんで、

ウェブ制作会社の社員が人気のブログを作るにはどうしたらいいかと必死でした。

人生初「ととのい」はお遍路で

新卒1年目で晴れて社員になったわけですが、入社して最初に下った指令は「日本一周」。使っていいお金は1日300円、1年間東京に帰って来ない、というルール。しかも、半月に1回、電話で社長による「査定」があったんです。「よかったね、死ななくて。おめでとう。じゃあ昇給ね」みたいな。死ななかったから昇給ってなんだよ！　って（笑）。しかも、この旅でスピーカーも売らなくちゃいけなかった。会社は2000個輸入したんですが、2個しか売れてなかったんで、「在庫の1998個を車に積んで日本一周してきな」と（笑）。飛び込み営業してまわりました。

そんなある日。旅の途中で社長からまたも指令があった。「お前、ブログで見てると太ってきてるぞ。四国でお遍路やって痩せてこい」。まったく意味がわかんないんですが（笑）、言われたとおり、お遍路を始めました。20kgの荷物を背負ってひたすら歩き、夜は野宿。足は痛むわ、夏だったんでめっちゃ暑いわ。そんな日々の中、唯一の楽しみがお風呂になっていったんです。

高知の田野町というところに行ったとき、「たのたの温泉」というスーパー銭湯に行ったんです。もう、すごい日焼けして肌はヒリヒリ、真っ赤っか。体を洗ってからまず、お湯に浸かろうと思ったら、水風呂に気持ちよさそうに浮いているおじさんがいたんです。肌もヒリヒリしてるし、自分もまず水風呂にするかと。入ってみたらすっごい気持ちよかったんです。あったか冷たいみたいな感覚で、「なんだこの感覚！」と。体が冷えたタイミングで、サウナ室にそのまま入ったんです。そしたらものすごく気持ちよくて。安室奈美恵の

「CAN YOU CELEBRATE?」のオルゴールバージョンが流れてたんですけど、めっちゃクリアに聴こえました。それでまた水風呂に入ったら、「うわぁぁぁ！　気持ちよすぎる！」。さらに外気浴ゾーンに行ったら、近くの川のせせらぎの音とともに、午後の陽がプワ〜ッと射してきて「あぁぁぁぁ……」と絶句……というのを経験しまして（笑）。その日は野宿だったんですが、こんなに劣悪な環境なのに、いままでの人生でいちばんよく眠ることができたんです。そこからは意識的にサウナに行くようになりました。

社長、サウナをやりたいです！

日本一周を終えて帰った後は、動画制作担当になりました。毎日忙殺されていく中、自分はなにをやりたいのか、なにをやったらいいかがどんどんわからなくなっていったんです。そうすると逃げ場はサウナです。会社が上野ということもあり、「北欧」をはじめサウナがいろいろと集まっているので行きまくるようになりました。

あるとき、「自分がなにをやりたいのかわからない」と社内の信頼する先輩に相談したんです。そうしたら、「べべさんってサウナの話をしてるときは生き生きしてるね」と言われて。それで、「そうだ、俺はサウナが作りたかったんだ」と気がついたんです。それからは自分が作ることを意識していろんなサウナに行き、どうやったらサウナを作れるのか、そのためにはどうしたらいいのか、という「タスク」をバーッと書き出したんです。それを今度は学生時代の先輩に相談したら、「お前の会社、長野で宿泊施設やってんじゃん」と。「そこで野尻湖に飛び込む、みたいなのをやったらいいんじゃない？」って言われたときに、それだ！　と思いました。アウトドアを楽しむ施設のアウトドアサウナ、そんなのはまだ日本で見た

ことがない。自力で作るんじゃなくて、会社に提案して作ってもらおう、と。そこから一気に突破口がバーンと開けたんです。

それで、サウナをやる会社へのメリットを説明するために、いろんなサウナを回ってリサーチし、データをまとめ、事業計画書を作って社内プレゼンにまでこぎつけたんです。すると社長が、「いや、俺、サウナ好きじゃないから」って（笑）。そこで即座に、「来週空いてませんか？　フィンランド行きましょうよ」と社長を誘ったんです。ムチャぶり返しです（笑）。お金もなければフィンランドなんて行ったこともなかったのに。当時アウトドアサウナって、日本ではサウナキャンプはありましたけど、常設で体験できる場所がほとんどないんです。これはもうフィンランドに行った方が早いなと。で、次の週には空の上でした。

しかし、行ったはいいんですが、夏のバケーション期間中で行きたい施設が全然やってない。社長にサウナをプレゼンするためにはるばるフィンランドまでやって来たのに、初日からノーサウナ。これはヤバいと、営業してる店をググりまくったら「Sauna Vogue（サウナヴォーグ）」っていう店が見つかって。なんかムキムキのボディービルダーみたいな人が描かれていたり、入る時にもLGBTQを象徴する虹色の旗が掲げてあったり。でもとにかく必死だったんで、店員さんに「正直に言う。俺たちはノンケだけどいいか？」と交渉したんです。そうしたら、「私たちはいいよ。あなたたちがいいなら」と言ってくれたんで、社長と2人で入って。中では音楽がガンガンかかったゲイパーティーがノリノリで行われてて。社長が「お前がやりたいのはこれか？」って聞くから、あわてて「いや、違うんです！」と。すると社長が「もう1回聞く。お前のプライベートでこれがlife is goodならいいけど、これが仕事として本当にやりたいことならば、会社としては

超えなきゃいけない壁が結構多い」って。「いや違うんです、本当に！」（笑）。

でもその翌日には、理想に近いアウトドアサウナの「クーシャルヴィ・サウナ」や、ヘルシンキにあるカフェと一体化したおしゃれなサウナ施設「ロウリュ」とか、いろいろと視察することはできました。中でも、日本人デザイナーのツボイ・ネネさんと、フィンランド人建築家のトイヴォネンさん夫婦が運営する「クルットゥーリ・サウナ」という公衆サウナがあって。使わなくなった木くずを燃やした熱源で部屋全体を温めている、とてもエコなサウナだったんです。社長に「僕はこういうサウナをやりたいんです！」と言ったら「よし、やろう！」となりました。

そして、社長に「まず、金を集める方法を考えろ」と言われ、クラウドファンディングを教えてもらい、それでなんとか300万円くらいまでは集まったので、まずはサウナ小屋を建てることから始めました。2018年10月。僕は長野へ移住することにしました。

模索しながらサウナ小屋を建てる

地元の大工さん2人と僕の3人で作り始めました。2人とも62歳の頼れるベテランのビルダーさんたちだったので、僕はもっぱら拙い絵を描き、サウナの本を見せ、ここはこうしたいと伝えて。彼らに「屋根がこんなに低かったら頭ぶつけちゃうよ」と言われたら、「いや、それでいいんです」と答えたり、「照明は絶対視界に入れたくない」とか細かい注文をしたり。ああだこうだ言い合いながら、お父さんと一緒に作っているような気分でした。ストーブに関しては、地元のモキ製作所というところを見つけてお願いしました。

あと、ここは国立公園なので、環境省とのやりとりもかなり大変。でも、宿泊施設としてLAM

P野尻湖がこの土地でやってきた実績と信頼があったので助けられました。新参者でやって来るともっと難しかったと思います。そういうことを一歩一歩越えながら、徐々に設備を増やしていったんです。サウナといえば水風呂は絶対に欠かせないじゃないですか。水風呂も1つだった樽が2つになり、2つが4つになり、と（笑）。

水風呂は、「小川が流れてるから、この水使いたいね」って大工さんと話してたんです。それで庭にあったワイン樽を切って、小川の水が流れ込むように置いてみたんです。まんまと水が溜まりました。でも、水位がオーバーフローしないと、水が濁っちゃうんです。すると、大工さんがトイのようなものをつけて、すごくうまく作ってくれたんです。みなさんが気づかないくらいのV字の傾斜をつけることで、水が濁らないようにするという、結構緻密な設計になっているんです。

野尻湖は冬になると水位が低くなってしまうんですが、水位のあるゴールデンウイークからお盆にかけては、サウナ後に野尻湖で浮かぶと本当に最高です。僕は野尻湖が大好きなので、その季節がいちばん好きですね。

サウナ小屋の温度が上がらない！

そして、完成が近くなった頃、NHKさんに密着取材をしていただいたんです。ところが、完成して、いざ火入れの日、取材クルーの前で「じゃあいきます」って点火したのに、全然いい感じにならない。それまで薪ストーブすら触ったことがなかったので正直やり方がわからないし、小屋の温度も30℃ぐらいにしかならなかったんです。さらに、ストーブの塗装の臭いが小屋の中に充満して。ロウリュしてもまったくジュワッとならないんです。「あっ、これ終わったな」って思いました、正直。なんとか取り繕って「いい感じです！」と

か言ってるんだけど、全然いい感じじゃない(笑)。これでマジ終わったと思って、その日は生涯でいちばん泣きました。

でも、オープンの日は決まってる。死に物狂いでサウナ小屋にこもっていたら、一酸化炭素中毒と強迫神経症のような症状を引き起こして眠れなくなってしまったんです。小屋の温度が上がらないから開業できないかもしれないと焦る一方、小屋が燃えるんじゃないかという強迫観念が常にあって、夜中に車で見に行っては、「あぁ燃えてない、大丈夫だ」と確認する、みたいな感じになっちゃって。本当にしんどかった。オープンに向けての打ち合わせをしているときも、スタッフからサウナの温度の連絡が来ない。やっぱりダメかと落胆したそのとき、温度計が80℃を指している写真が送られてきた。涙があふれ出ました。社長も「よかったじゃん」と言ってくれました。

あの日のことは一生忘れません。完成したサウナにいちばん最初に入ったときの感動は、いま思い出しても鳥肌が立ちます。ただ、いいものができたと思いながらも、これから先、薪の消費量をどう少なくするかとか、次の瞬間にはもうそういうことを考えていましたね。

コロナ禍で2号棟を作る

翌年19年に開業すると、ありがたいことに予約をたくさんいただいて埋まるようになったんです。でも、20年になると、世の中がコロナ禍になり、暇になってしまいました。その間どうしようとスタッフと話し合い、じゃあ、新しいサウナを作っちゃおう！　しかも1号棟を超えよう！　という目標を作りました。

フィンランドに行ったときに、非常に感銘を受けた2階建てのサウナがあったんです。1階はさほど熱くないのに2階に行ったら熱いという。ま

だ日本ではそれを体験できるところはないから、2号棟はそれにしようと決めました。

しかし苦戦しました。1号棟の何倍もの試練の連続で。温度計は100℃くらいを指すんですが、体ではそれを感じない。1号棟のじんわりくる熱さがまったくないんです。なにがダメなのかを研究した結果、ストーブと建物の構造が合っていないのでは？　という仮説にたどり着き、さらに調べていくと、ストーブとレンガの間に温かい空気を上昇させるための鉄板が必要だとわかったんです。すると見事に熱の対流が起きました。ただ、喜んだのも束の間、今度は足元の冷えが収まらないという問題が起こってしまった。これも試行錯誤の結果、すき間に断熱材を詰め込むことで収まりました。問題をひとつ解決すると別の問題が起こる。まだまだ試行錯誤の連続です。

全国各地にアウトドアサウナを

全国47都道府県、いろんなところで「アウトドアサウナ＝自然の中で楽しむサウナ体験」ができる場所を増やしたいというのが、僕の夢です。

ただそれは僕ひとりだけでできるものではない。仲間を増やしていかなきゃならないんです。そのためには、僕はこれでちゃんと食えてるよ、というのを証明しなくちゃいけないなって。でも、ありがたいことに、サウナビルダーになりたいという若い子たちが住み込みで働きに来てくれているんです。給料は出せないけれど、ご飯とサウナ入り放題ということで学んでもらっているんです。

そして、そうやってうちで学んだ卒業生が地元でサウナを始めました、という話を聞くと、自分が思い描いていたことが少しずつ実現に向かっているんだなって、すごくうれしく思いますね。

The Sauna

㊟長野県上水内郡信濃町野尻379-2

☎026-258-2978

㊜棟によって異なる

（各2～3時間の完全予約制・入替制）

㊡火　㊕¥3,000～

宿泊可　食事処あり

https://lampinc.co.jp/nojiriko

このクマのグッズもかわいい。

天空の景色が サイコー!

ume,yamazoe

(奈良県山辺郡)

唯一無二の景観で非日常へと誘ってくれる宿、とサウナ

京都駅から車窓をゆっくり眺めながら近鉄特急に揺られて1時間半。名張駅に着くと、送迎のおばちゃんが笑顔で僕を待っていた。

おばちゃんが運転する車に乗り込む。田舎の風景に心が和む。しかし、名張駅はおろか奈良県にも土地勘がない。自分がいまどこにいるのかをGoogleマップで確かめてみると、名古屋と大阪の中間のような場所だとわかった。おばちゃんの飾り気ないトークに心は和むが、車はどんどん険しい山道に突入していく。やがて小さな集落が現れ、長い坂道を登ると目的地に到着した。

奈良県奥大和地方の山添村にある「ume,yamazoe」。昔の村長の家をリノベーションしたという宿である。めちゃめちゃモダンでめちゃめちゃおしゃれ。手つかずの自然が残る集落を見渡す山の頂上、という絶妙なロケーションも含め、海外のリゾートホテルのような佇まいだ。それでいながら、昔ながらの日本家屋の良さを、漆喰の壁など残せるものはきちんと残す、手間ひまかけた丁寧なリノベーションを施していることがよくわかる。ウェルカムドリンクの冷たい

山道を登ると見える高台の宿。

きれいに手入れされた玄関。

おしゃれなリノベ。センスの塊。

煎茶と干菓子をいただきながら、しばしロビーでまったりする。
　この宿には3つの部屋があり、それぞれ一棟建ての独立した家になっている。部屋に通されるといい香りが漂い、開け放たれた窓からは天空の城からの眺めのような絶景が広がる。書棚には趣味のいい文庫本や雑誌など長逗留のおともにもってこいの本がずらっと並んでいる。僕は、星野道夫の『旅をする木』を手に取ると、床に寝転び大の字になった。

――人間の気持ちとは可笑《おか》しいものですね。どうしようもなく些細な日常に左右されている一方で、風の感触や初夏の気配で、こんなにも豊かになれるのですから。人の心は、深くて、そして不思議なほど浅いのだと思います。――

　星野道夫の言葉を噛みしめ、空をじっと眺めた。窓からは風がそよいでくる。遠くに見える山々の連なりに雲が流れていく。時が止まっているように思えるが、万物は常に変化している。雲の動き、虫の音、時折かすかに聞こえる村の生活音。諸行無常の響きあり。空をずっと眺めているだけで結構な時間が経過していることに気づき、起き上がると着替えを持ち、サウナ「ume,sauna」へ。そう、僕はこのサウナをじっくり味わうためにここへやってきた。
　サウナはアウトドアフィンランド式。「The Sauna」の〝べべさん〟こと野

旧さと新しさが調和した客室。

各客室にある本。

眺めはまるで天空の城。

田クラクションベー（P．21）が建てたログサウナだ。中の温度は70℃程度。1本の太い薪をじっくり時間をかけて燃やすことで、熱すぎずじっくりじんわりと温まっていく。和紅茶のロウリュをすると蒸気がゆっくりと立ちのぼる。言葉では表現できない「温かさ」や「柔らかさ」に包まれ、ゆーっくり、しーっとりと汗をかいていくのがわかる。「ume,sauna」は、いかに短時間で「ととのう」かを目的とした〝ファストサウナ〟の対極にある〝スローサウナ〟。火と水と薪が生み出すもの、「自然の恵みがサウナという装置を通じて作り出す優しさ」を感じさせる。そう、とにかく「優しい」のだ。

サウナから出ると、良質で冷たすぎない水風呂に入り、ほっと一息。サウナ小屋の外壁の階段から屋根に登り、デッキチェアに腰を下ろす。眼前には墨絵のようなシルエットの山々と、郷愁を誘う集落がひっそりと肩寄せあうように佇んでいる。澄んだ空気に包まれ、目をつぶれば遠くで聞こえる鳥の声、虫の音。生き物としてのDNAが呼び覚まされ、種として本来の姿に戻っていく感じすら覚え、いま自分がどこにいるかすらわからなくなっていく。これは究極の「ととのい」だ。

この宿を作り上げた主人は梅守志歩。彼女は一体なぜ、奈良の人里離れたこの村に、この素晴らしき癒しの施設を作ったのだろう。話を聞いてみれば、彼女の人生もまた波乱万蒸であった。

オーナーの梅守志歩。

外気浴から見る絶景でととのう。

The Saunaの面影を感じる造り。

サイコーを散りばめる経営者の裏歴書

梅守志歩《うめもりしほ》の場合

私は四姉妹の三女です。いちばん上の姉は重い心の病を、末っ子の妹は白血病を患っているんです。だからこそ、幸せな家族が増えるような仕事をしたい、という想いがずっとありました。目の前の人をハッピーにしたいなって。

大学時代は京都の結婚式場で3年半アルバイトをしました。結婚式の仕事は幸せな家族を作る原点だと思っていたので。でも結局、結婚式の仕事には就職できず、IT系の不動産の仕事に就職しました。ただ、父からは、3年で辞めて実家の製造業を一緒にやってくれと言われていたので、就職先には「やれることはなんでもやりたい」とお願いしてガムシャラに働かせてもらい、賞もいただきました。ですから、タイムリミットを迎えたときは、本当にイヤイヤ実家に戻りました。もう少し外で自分の力を試したかったんです。いま思えばすごくおこがましい話なんですけれど。

家業は奈良市にある「梅守本店」というお寿司の製造販売の会社です。1994年に父と母が創業しました。ただ、寿司の製造業って全然利益が出ないんです。買い叩かれるし原価もかかる。私は本当に天狗の状態で戻ってきたので（笑）、「どこかでもっと違うキャッシュポイントを作らないと会社としてまずい」と、会社や父に対していつも憤っていました。前職では日に何千万円単位のお金を動かしていたのに、1日10万円程度の売り上げの店舗に立ち、1日が終わっていくのがやるせなくて。だから、毎日が父との戦い。時にはじんましんが出るくらい、心身ともにストレスを感じながら働いていました。でも、父からすれば、

姉妹が病気を患っていたので、後継者は私しかおらず、必死だったんだと思います。

寿司を売るのではなく「教える」インバウンドで1日1000人の客が

父は、自分で握って食べるお寿司の体験教室を行うことを考えていました。特に、障がい者施設や子供会、高齢者施設などを対象にしたいと。私の姉妹もそうですが、重い障がいを持つ人たちが楽しむ場所ってすごく少ないんです。父は、そういう人たちが楽しめる場所を作りたいと、妹が入院する病院で教室を開いたりもしていたんです。

そんなとき、日本中がインバウンド需要を見込んでいたタイミングだったので、奈良県がホテルやレストランなどの事業者を集め、外国の旅行会社への営業を推進していたんです。それに参加してこいと父に言われました。そこで、お寿司の体験教室の企画を英訳して持って行きました。

初めて行ったのが香港の旅行会社でした。でもまだ具体的な中身が全然固まっていない。それでも企画に興味を持ってくださって、2〜3カ月後には海外のお客さんが来ることが決まった。ドタバタで「うめもり寿司学校」を始めることになったんです。そうしたら、どんどん海外のお客さんがやって来るようになり、多くて1日1000人くらい。すごく成功したんです。自社の商材と職人で行うので製造原価はほとんどかかりませんし、お寿司はお客さま自身が握られる。寿司を作ることを「教える」という業態に変えただけで、会社の利益が劇的に改善したんです。

その後、奈良、京都、東京、大阪と4店舗を展開し、ある程度の事業規模に育ちました。忙しくてしんどかったけれど、海外営業にも行けるようになり、駅中の店舗で1日10万円の日々とはガラッと環境が変わりました。だんだんと自分のや

りたいと思うことをやれるようになり、この仕事が楽しいと思えるようになっていきました。

自然とともに暮らすことを決意

忙しい日々を送る中、現在の仕事を継続しながら、まったく新しい活動ができないかと考えるようになり、山添村に住みたいと思うようになりました。奈良市の本社にも通えますし、寿司作りに使うわさび葉の生産地でもある。親しい知人も住んでいる。そしてなにより、この絶景。豊かな自然に心動かされたんです。

そう考えるようになったきっかけは2つあります。1つはお坊さんの言葉。うちは寿司製造業なので、薬師寺とか東大寺といったお寺さんがお客さんにいらっしゃるんです。お寺の跡取りってだいたい世襲なので、私と世代の近いお坊さんたちは、どこか感覚的に共通するものを持っているんです。あるとき、その中のひとりの村上定運《じょううん》さんがこうおっしゃったんです。「自分のいる環境は変えられへんから、いまいる環境をどう楽しく生きるかという考え方に、思考回路を変えた方がいいよ」と。ものすごくハッとしました。

もう1つのきっかけは、私の師匠でアーティストの岡本亮さん。奈良の移住促進施設で知り合い仲良くさせていただくようになりました。私は、アラスカを撮り続けた写真家・星野道夫さんの本に感銘を受けて以来、いつか自然とともに暮らしてみたいなと考えていたんです。岡本さんは現代アーティストですが、アラスカで川下りをしたり、川や海で生き物を獲って食べたり、楽しみながら山や森のエネルギーを日常に変えている人。師匠の暮らしぶりを見ていたら、漠然と思い描いていた「自然とともに暮らす」ことが具体性を帯びてくるようになったんです。自然に囲まれた場所で穏やかな気持ちで世界を見ることができれば、定

運さんに言われた「いまその場所を楽しく生きる」ことに近づけそうな気がするなって。

そして、山添村に移住し、友人たちと古民家をシェアして暮らし始めました。その頃は、お寿司の営業から海外旅行客のツアーコーディネーションまで、毎日、日付が変わるくらいまで働き続けていて、しばらくは奈良市の実家と山添村の2拠点生活を続けていました。すると、村を出た2日前と戻ってきた日で、咲いてる花が変わっていたり、星がすごくきれいに見えたり、時間の中で変化していくものに気づくようになったんです。なんて美しいんだろうと。もっとたくさんの人に知ってもらいたいと思うようになりました。

あるとき、農林水産省による「農山漁村振興交付金」という制度を知りました。農泊推進という、農家民泊を日本中にたくさん作ろうという補助金制度。そのときに出合ったのがこの家でした。

うちの会社には「人が人を大切にし、国籍や人種、性別、障がい、病気を越え、みんなが楽しく笑顔で生きられる社会を事業活動を通して作る」という経営理念があるんですが、私はそれを宿という体験を通して実現しようと思ったんです。その地域に住むおじいさんやおばあさんの日常が楽しくなったり、彼らの知恵が伝承されるためにも、私がここに「宿」を作る意義はきっとある。さらに、こういった小さな村が生き残っていくためには、あるものを生かして経済が回る仕組みを作ることが必要で、人と自然が調和している村の暮らしに価値を感じる人は必ずいるし、観光で産業を作ることができるはずだと。

隣のおじいちゃんと会話を重ね
村への理解を深める

「ume,yamazoe」はもともと山添村の村長さんが住んでいた家で、景観がすごく気に入ったので補

助金でリノベーションしました。いままでの事業はある程度計画的に勝算を持って始めることが多かったんですが、ここは出たとこ勝負の連続。例えば、この土地の下に90歳ぐらいのおじいちゃんが住んでいて、田舎の慣習を十分に理解していなかった私は、「おまえら勝手にうろうろしとるけど誰や」と不愉快な思いをさせてしまったことがありました。ただ私は「みんなが楽しめる場所を作りたい」という考えをベースに持っていたので、近隣の方々と絶対に仲たがいはしたくありません。なので、おじいちゃんから意見をもらうたびに工事を止め、手紙を出したり、毎日顔を出してお話をしたり、たくさん謝ったり。

あるとき、宿に至る坂道に納品車を停めていたら、おじいちゃんが「そこはおまえらの土地ちゃうから停めたらあかん！」とお怒りになって工事現場に来られたんです。曰く、この道は、もともとはみんなの土地で、みんなで協力し合って土地をちょっとずつ供出し、自分たちで道をならし、コンクリートを敷き、私道に変えていったのだと。それがわかってから、この山の上の村長さんの家も、いまはたまたま私たちが借り受けているだけで、鳥の声、虫の音、太陽の光の心地よさ、すべてはこの場所の力であり、私たちがなにかをしているわけではない、というスタンスに変わったんです。ここに私たちがなにか新たな価値を作り出すのではなく、この山里を、ただ純粋に見て、味わい、感じる、そんな宿にするべきだと。

サウナ素人がサウナを始める

サウナを作ったのは思いつきでした（笑）。もともと露天風呂を作る計画があったんですが、お金がなくて断念。そこで、露天風呂と同じように、人が服を脱いで開放的に自然を感じられるなにかができないかと考えたとき、サウナって最近よく

聞くな、サウナ作ろうかなって（笑）。

　そして、友人にべべちゃん（野田クラクションべべー）を紹介してもらい、長野県の「The Sauna」に行って衝撃。「サウナってすごい！」って（笑）。当時は建設費300万〜400万ぐらいだったんで、自分の貯金とクラウドファンディングで賄えるかもしれないとうっすら思い始めました。初めてサウナに入ったのが2019年11月中旬で、2020年1月の年明け早々にはクラファンを開始、4月12日から作り始めて2週間ぐらいで完成。べべちゃんも泊まり込みで手伝ってくれて。

　でも、作ったはいいが、サウナにたった1回入っただけの素人がオペレーションをやるわけです。宿のオペレーションもままならないのに、火のつけ方もわからない。べべちゃんに「細い木から太い木の順に薪を組み、真ん中に着火剤置いて火つけたら、ぼって燃え始めるから」なんて言われても、その通りにできるわけがない（笑）。しかも、どんな薪が向いているかとか基本的なことも知らず、ただの雑木を近所のおっちゃんから買い、火入れに2時間半もかけてました。毎日毎日「火が入らんかったらどうしよう」「温度上がらんかったらどうしよう」ってお腹が痛くなる思い。朝7時開始のサウナなのに、4時半から火入れ開始。そのときは朝食の仕込みも全部自分でやっていたので、これを続けたら体を壊すと思いました。そこに救世主、師匠の岡本さんが来てくれて。「これじゃ燃えないよ、そりゃ時間がかかるわけだ」と笑われました。そして、薪の運び方、準備、保管、火をつける手順などをひとつひとつ教えてくれて、マニュアル化もしてくれました。

誰かの心の芯に深く突き刺さる体験に

　そして、こんなことがありました。あるとき、サウナストーブに自分で薪を入れてしまうお客さ

んがいらっしゃったんです。安全のために薪はスタッフが入れるので触らないでくださいとご案内していますが、どんどん入れてしまったんです。私たちは、広葉樹は蓄熱するため、針葉樹は温度を上げるため、と木の種類によって使い分けをしています。でも、彼らは広葉樹ばかりくべていたんです。温度を上げるために。私はこの村で、おじいちゃんが腰を曲げながら汗だくで薪を割り運んでくれる姿を知っています。だからこそ、薪を大切に使っていたし、そこまで過剰に燃やさなくても楽しめるんじゃない？　と思ったんです。そのとき、うちのサウナは熱さが売りじゃない、と気づきました。うちのサウナは、丁寧にじっくり1本の木を味わう温かさを楽しんでもらいたい。ゆっくり温かくなるにつれ、感覚を取り戻していく感じを体験してもらいたいと。

とにかく、この村の自然を体感することで、心身を解放し、穏やかに、優しくなってほしいんです。私がやるべきことは、そのためのきっかけをたくさん散りばめていくこと。この景色だったり、宿だったり、本だったり、料理だったり。サウナもそう。私にとってのサウナは、人間が自然に還るための、よりフラットになるための装置なんです。そうやって散りばめたもののどれかひとつが、誰かの心の芯に深く突き刺さるような体験になればいい。そう思っているんです。

10年後20年後、私はきっと、いまとはまったく違うことに挑戦していると思います。ただ、両親から言われているいちばん大切なこと、「いろんな人が楽しく笑顔で生きられる社会を」という精神は、やり方は変わったとしても、大切に守り続けたい。その中のひとつが、いまはたまたま宿でありサウナだった、そう思っているんです。

ume,yamazoe

㊟奈良県山辺郡山添村片平452
☎0743-89-1875
㊖要問合せ　㊡不定休(要問合せ)
㊕1泊2食付き¥34,650～
宿泊可　食事処あり
www.ume-yamazoe.com

かわいくて優しい味がするお寿司。

唯一無二のクラフトサウナが

サイコー!

サウナラボ神田

（東京都千代田区）

人々を癒すため、街にサウナという木を植える

都会に木を植えるようにサウナを作る、と米田行孝は言った。彼は、革新的なサウナとはなにかを追い求めるサウナ界のゴッドファーザー。サウナーの聖地「ウェルビー」と「サウナラボ」を経営し、日本サウナ・スパ協会の理事として「サウナ・フェス・ジャパン」などを催し、常に業界を牽引してきた。そんな彼が至った境地が、都会のコンクリートジャングルにサウナを作ることで人々を癒したい、なのである。なんて素敵なんだろう。

米田社長は、名古屋市と福岡市のみで施設を展開していたが、2021年、満を持して東京に「サウナラボ」を出店。場所は、小学館や集英社が立ち並び新旧のカルチャーが交錯する街、東京・神田錦町。印刷会社が所有する古いビルをリノベーションした1Fと地下1Fである。ビルの名前は「神田ポートビル」（命名者は糸井重里氏。米田社長が東北の震災支援を個人的に行っていたことから繋がりが生まれ、付き合いが始まったという）。「サウナラボ」のほかに、池田晶紀氏の「あかるい写真館」や、糸井氏の「ほぼ日の學校」が入居するカルチャー色の強いビルだ。ロビーから脱衣場、サウナに至るまで、木をふ

名物オケ（桶）サウナ。「サウナ桶に入りたい」という願望を具現化。

街に開かれた存在。「神田ポートビル」の命名は糸井重里氏。

サウナ界の〝ゴッドファーザー〟米田行孝。

んだんに使い、手作り感も満載。「都会にサウナという木を植えたい」という彼の想いをそのまま具現化した〝クラフトサウナ〟なのである。

「サウナラボ」は、女性も愉しめるサウナ、男性専用の「ウェルビー」の〝新レーベル〟として、2017年、名古屋市に誕生。その後、20年には福岡市（女性専用）にもオープン。どちらもフィンランドをイメージしたクリエイティビティとホスピタリティを併せ持つサウナであり、神田店ももちろんそれを踏襲している。柔らかな接客、北欧感のあるフードやドリンク、ほかに類を見ないほど多種多様のサウナグッズを販売するサウナマーケットなど、鼻につかないセンスの良さと、サウナへの愛が詰まっている。

「サウナラボ神田」は「OKE SAUNA（オケサウナ）」と「IKE SAUNA（イケサウナ）」の2種類のゾーンに分かれている。「OKE」の方は、桶の形をした「オケサウナ」、ウィスキング（注：ヴィヒタで体を叩き、血行を良くする行為）を体験することのできるフィンランド式の「フォレストサウナ」、ひとり用の「からふろ」の3種類のサ室がある。「IKE」の方は、「フォレストサウナ」と、薄暗いサウナ「イケサウナ」の2種類。僕はこの中でも「イケサウナ」がいちばん気に入っている（普段は女性用だが水曜だけは男女入れ替えになっているので男性も入ることができる）。米田社長によると、日本の禅を世界に広めた鈴木大拙の記念館を訪れたときに発想したとのことで、防水

米田によるオケサウナのイメージイラスト。

フォレストサウナ。

ひとり用〝からふろ〟。

畳に座ったり寝そべったりできる造りになっており、奥に設けられた水盤に薄明かりが差している。ここでロウリュをしながら座禅を組み瞑想をするのが僕は好きなのだ。

静寂。それも「サウナラボ」の大きな魅力だ。館内もサ室にもテレビは一切なく、音はといえばロビーでかすかに聞こえる、とくさしけんごの極上サウナ音楽「MUSIC FOR SAUNA」のみ。サ室は無音で、焚火が燃えるかのようにパチパチと鳴くサウナストーブの音が響くだけ。そして、薄暗い「イケサウナ」でジーッと瞑想していると、遠くから電車の音が聞こえてくる。あれ、この辺に電車が通ってたっけ……。なんとそれは地下鉄の音だったのだ。

実はサウナラボのサ室はどれもそれほど熱くない。72〜85℃くらいの設定だと思う。いわゆる市井の高温サウナだと、頭に浮かぶ雑事を生理的熱さが上回り、耐え切れなくなったところを水風呂でサッパリ洗い流すという感じだが、ここはそうではない。「森林浴」をテーマにしているだけあって時間が経つのを忘れさせる。特に、72℃の控え目温度設定の「イケサウナ」は柔らかな温かさゆえに、頭の中に浮かんでは消える雑事をず〜っと追いかけるパターンにハマってしまう。どれくらいの時間が経っただろうか、とふと我に返って外に出て、冷水シャワーを浴びると、とes のいスペースへ移動する。この感じがめちゃくちゃ気持ちいい。

店内のいたるところに白樺の木が。

内気浴スペース。土のにおいを感じる。

サウナで瞑想は至福の時。

とのいスペースは外気浴ならぬ内気浴。引き戸を開けると人ひとり入れるだけの狭い空間に、土が敷かれた小さなハーブの花壇があり、天井は白樺の葉、ヴィヒタで覆われている。そこで僕はさきほどの瞑想の続きに浸る。すると浮かんでは消えていた自分の迷い事が客観視できてくる。呼吸をすればほんのり香る土のにおいと白樺の香り。そこで、思考の世界から現実に、肉体の世界に戻される。

米田社長に言われたことで忘れられないことがある。ドラマ『サ道』のお陰で、従業員たちの目の色が変わり、自分たちの仕事に誇りをもって取り組むようになった、という話だった。それを聞き、この仕事をしていて良かったと心底ほっとすると同時に、普段僕たちが救われているサウナに対して少しは恩返しができたのかもしれないと思うと感謝の念にたえなかった。でもそれはきっと、ドラマの影響だけではない。あらゆるジャンルに精通した話題豊富な米田社長のアーティスティックな気質にあるのではないか、と思うのである。そんな彼のバックグラウンドはどんなものなのだろう。華麗なるサウナ一族に生まれ育ったサウナ業界きってのサラブレッド、米田行孝の人生もまた波乱万蒸なものだった。

リラックススペース〝ヴィヒタマウンテン〟。

サウナとは思えないPOPな入口。

都内屈指のサウナグッズショップ。

サイコー〝ゴッドファーザー〟の裏歴書
米《よね》田《だ》行孝《ゆきたか》の場合

とにかく徹底的なビジネスマンだったんです、うちのおじいちゃんは。サウナ事業を始めた理由は「儲かるから」に尽きると思います。

祖父は戦後、大阪ガスの下請けで配管工事の仕事をしていましたが、「戦後復興が進めば、日本人はレジャーにお金を使うようになる」と、神戸に土地を買い、サウナ事業を始めたんですね。それが「神戸サウナ」。その見立ては見事に的中し、サウナは大ヒットしました。

とにかく行動力があって豪快で。庭でゾウを飼っていたこともあるんです。人間ぐらいの大きさの小ゾウを。とにかく動物好きでいろんな動物を飼っていて。ほかにも、ライオンやトラの子供もいましたし。あと、北海道旅行でクマ牧場を訪れた時に「あのクマ、飼うぞ！」って言い出したときは、さすがに家族全員で止めました（笑）。動物たちは、有馬や淡路島に土地を買って、そこで放し飼いにして世話していた時期があったんです。いま考えると、サファリパークみたいなものを作ろうとしていたのかなって。

ボンクラ音楽青年
しぶしぶサウナ経営の道へ

僕はぼーっとしているボンボンでした。サウナどころか、家の事業自体に興味も関心もありませんでしたし、大学を卒業するときも、自分の将来に危機感なんてまったくなく、それどころか就職活動もろくにしてないんです。音楽が好きでずっとギターを弾いていたんですが、飲み屋のおじさ

んに合わせて弾くだけで5000円をもらえるんです。「あれ、俺これで食えるんじゃないかな」って勘違いして（笑）。そこから1年ぐらい、無職でフラフラして生活していました。

でも、バブルが崩壊し、そんな生活にも終わりがやってきました。アルバイト先も突然クビになっちゃって。ついに親父に「お前、いい加減にしろ！」と。さすがに頭にきたんでしょうね。僕も意地を張っていたんですが、しばらくしてどうにもならなくなり、「なんでもやるから会社に入れてくれ」と頭下げたんです。

最初に修行したのは「健康ひろば加古川」という施設でした。タオルを畳んで袋に入れる、いわゆる健康ランドのセットを作るのがいちばん最初の仕事でした。毎日必死で仕事をして、最後にお客さんが「お兄ちゃんありがとね」って声をかけてくれるんです。それに鳥肌が立ちまして。「サービス業としてこんなに素晴らしい商売はない」というのをすごく感じたんです。これが僕の原点になりました。

突然の中国行き　そして親父の遺言

その後、ウェルビー各店の要職を任されるようになりましたが、あるとき、突然、親父に呼び出されまして。「来月から中国に行け」と。親父の知り合いが中国の国営ホテルの社長に就任して「ホテルにサウナを作りたいからコンサルしてくれ」という話だったんです。1995年のことでした。当時、中国ではサウナが普及していなかったので、ホテルの中に施設を作れば、政府からホテルの評価を上げてもらえたんです。たぶん、中国で日本式の都市型サウナはこれが第1号だったんじゃないかと思います。

あの頃、中国でサウナに来られる人は超富裕層

のお金持ちだけ。だからすごく儲かったんです。そのとき、祖父が戦後「これからはレジャーが流行る」と言ってサウナ事業を始めたことを思い出しました。まさに、発展途上の国で経済が回りだすとレジャーが儲かる、ということを肌で体感したんです。

そして中国に来て3年過ぎた頃。また突然親父に呼び戻されまして。帰国すると、親父の体調が悪くなり、病院に行ったら「あと半年です」と告げられて。とにかく慌てました。ギターを弾いてプラプラして、会社に入って一通りの仕事は経験したけれど、その後の3年半は中国。そんな俺が会社をどうにかできるわけないし、と。

でも、親父の容体は日に日に悪化していく。困り果てていた僕に追い打ちをかけたのが、父の最期の言葉でした。「行孝、お前はお坊ちゃんでなにも物事をわかっていない。人間というのは追い詰められないと本気が出ないからな。お前にはたっぷりの借金残して死ぬからな」って。慌てて会社の決算書に目を通したら、見たこともない数字が並んでる。本当に逃げようと思いましたよ(笑)。

その後、父はすぐに他界。僕には会社と膨大な借金が残されました。でもしばらくすると、あまりの額にお金という認識を超えました。しかも借金がどうだろうと世界は当たり前のように回っていくし、うちの会社には大勢の社員もいて、サウナも変わらない。お金に対して達観する感覚はそのときに芽生えました。1990年代の終わりのことでした。

サウナで自然とつながる世の中に貢献するためのサウナを

2000年代に入ると、同時多発テロがあり、リーマンショックがあり、そして東日本大震災。

世界中が未曾有の危機に直面する時代に突入したんです。なんとか頑張ってひとつずつ対処していく日々でしたが、心も体も追い詰められ、ストレスがピークに達したとき、たまたまフィンランドに行ったんです。そして、大自然の中でスモークサウナに入って湖に浮かんだときに、「自然とつながる」という不思議な感覚を得たんです。なんというか、地球をランドセルみたいに背負った感覚だったんですよね。そのとき、〝はた〟と気づいたんです。「サウナに真剣に向き合ってみよう」と。借金を返すのが目的ではなく、「サウナで世の中になにか貢献できないか」ということを考えるようになったんです。

そして、タナカカツキさんの著書『サ道』に出合いました。2011年のことでした。サウナがいまの世の中に本当に必要だと明確に言語化できたのは、『サ道』に出合って以降。そこからは、「お金のためじゃなく、サウナで喜んでもらう人たちをどうやって増やすか」ということに集中しましたた。その結果、会社の経営もうまく回るようになったんです。仲間も増えましたし、もはや競合を気にするという感覚もなくなっていきました。自分が「いい」と思うサウナを作ることが大事なんだと。

東京出店のきっかけは、友人で写真家の池田晶紀さんに相談されたことでした。神田の古いビルをリノベーションする計画があって、そこにサウナを作りたい、と。これがもし、いわゆる不動産開発的な、金儲けに関わる話だったなら、最初から断っていました。名古屋に「サウナラボ」を作ったとき、いろんな大手デベロッパーから「サウナがいま流行ってますよね。ご出店いただけませんか？」みたいな話がイヤというほどあって。そんなの全部放っておけ、全然やる気ないからと言ってたんです。中にはまじめなお話もありましたが、そもそも事業を拡大したいとも思ってない

ので迷惑かけちゃうから、と断っていたんです。

だけど、池田さんや建築家の藤本信行さんや神田の安田不動産さんのお話を聞くと、「ここをリノベーションして街全体を変えていきたい」と。サウナで街が変わっていくということはやってみたかったことなので、興味が湧いたんです。うちのサウナに来てもらってととのった人が、それぞれの場に帰っていき、そこをまた変えていく。そして、この街が変わり、東京の人が変わり、そして日本全体が変わっていった結果、世界が変わっていく、そんな夢みたいなことがサウナで実現できる可能性があるじゃないかって。

建設費用についてはある程度、負担していただけるという話もあったので、それも大きかったですね。ただ、安田不動産さんのバックアップがあるとはいえ、運営は我々ですから、当然リスクもある。その中で、「よしやってみよう」と最後に思えたのは、街でのストレスを解放する自然のサウナをいちばん必要としているのは、東京の人たちだと思ったからなんです。

サウナラボ神田で
未来の日本のドアを開く

もともと「サウナラボ」は、女性から「ウェルビーはなんで男性専用なんだ！」と怒られたときに初めて気づいて始まったんです。働き方にしても、子育てにしても、女性には女性ならではの大変なことがある。癒されたいのは男性だけじゃない。だからこそ、女性も男性も関係なく、世の中の苦しいことに向かう人々に、少しでもサウナが役立つためにと。デジタル化していく世界は便利でいい世界ですが、便利ならではの苦しみが増えている。そんな時代だからこそ、街の中に木を植えるような感覚でビルの中に自然の木材を使ってサウナを作ろうと。ビジネス先行の発想では、作

ることができなかったと思います。

やっぱり、僕がフィンランドで体験した「サウナの本質は自然とつながること」をいちばん伝えたいんです。僕がやっているのはサウナという宗教なので（笑）。経済活動じゃないんですよ。よく「ビジネスとしてどうですか」と聞かれますが、「ビジネスじゃない、俺がやってることは」って答えているんです。社会活動というか、「世の中をもっと心地よいものに変えたい、もっと人生よりよく過ごせるんじゃないか」ということなんです。つまり、力を抜きましょうよ、という話です。そうすると逆にもっと力が出るんです。

ですから、「サウナラボ」のコンセプトは、「街にサウナという木を植えて、森を育てて、みんなに元気になってもらう」こと。自然が近場にある地方とは違い、東京の環境はストレスがすごく大きい。我々が常々「サウナが果たす役割」について語っている以上、東京の方々に少しでも「サウナという木」を植えてあげたいという想いがいちばん強かったんです。やっぱり、行き詰まりを迎えつつある日本社会が次に踏み出すための新たなドアを開くという意味でも、東京から変わっていくことは非常に重要。そこで自分ができることはサウナ。サウナを体験しに来てくれた人たちが、それぞれの場所に帰っていって閉塞感のドアを開けてくれるんじゃないかと。その力がサウナにはあるはずだと。

あとはやっぱり、もっと女性に来てもらいたい、とも思っています。いまの社会の閉塞感を変える原動力は女性。でも、残念ながら、社会システムが変わるにはまだまだ時間がかかる。いまの女性たちは満身創痍です。常に戦っているじゃないですか、現実と。だからサウナに入れば戦って負った傷も少しは癒えるんじゃないかなって。そうすればまた元気になって戦いに行ける。そういう安らぎの場所になればいいなと思うので。

もちろん、女性に限らず新たになにかを生み出そうとしてもがき苦しんでいる人たちの安らぎの場になればいいなとも思っています。サウナに行けば良いアイデアが出る、というわけではないけれど、もがき苦しんでるからこそ、ガチガチに固まった精神がサウナでパッと解放されてアイデアが出てくる。老若男女関係なくそういう人たちにも来てもらって、結果的にサウナで日本経済を救うぐらいに思っているんです。それはうちだけじゃなく、全サウナに言えることなんです。

そして、海外のお客さまもたくさん来ていただく拠点でありたい。日本の良いところは神田にある。それでサウナに入ってもらって、リラックスしてもらう。そうしたらゆくゆくはサウナで世界を救えるんじゃないかと、これは結構本気で思っているんです。世界中の人々がサウナで自然とつながる体験をすれば、人類が新たな時代を生きる上で大事な指針になるはずだと。

サウナラボ神田

㊟東京都千代田区神田錦町3-9
㊑11：00～21：00　㊡無休
㊕¥2,700～（90分予約優先制・事前決済）
食事処あり
http://saunalab.jp/kanda

名古屋の「サウナラボ」。すべてのサウナでロウリュが可能。

三代続く伝統が

サイコー！

神戸サウナ＆スパ

（兵庫県神戸市）

唯一無二、孤高のサウナ

このサウナには品がある。

ＪＲ三ノ宮駅を出て、飲み屋の誘惑を振り切りながら生田新道を歩く。口当たりの良い貝の出汁が五臓六腑にしみわたる最高のサ飯「ボンゴレそば」の「ボンゴレ亭」の前を通り過ぎ、一直線に目的地へと向かう。６分も歩くと黒地に白いロゴのシックな外観が見えてくる。店の周りに置かれたフィンランド直輸入のサウナの守り神「トントゥ」がいつものように出迎えてくれる。

今回の舞台は唯一無二の孤高のサウナ「神戸サウナ＆スパ」。ひとたび門をくぐると、老舗ホテルを思わせるウッディで格調高い受付が待ち構えている。名物、津村支配人をはじめとする従業員の動きも統制され、気品の高さを感じさせる。ああ、「神戸サウナ」に来たな、と胸が高鳴る瞬間である。

キーをもらい、名物のカレーやＴシャツなどの物販ディスプレイを尻目にロッカー室へ。洋服を脱ぎ、はやる気持ちを抑えながら、一歩一歩階段を上っていく。すると、眼前に天然温泉を湛えた円形のハンガリアンバスを中心とする浴場が広がる。入る前にひと呼吸。これから夢のような時間が過ごせること

メディテーション効果もある高湿度のハマーム。

サウナの守り神「トントゥ」。

８階建ての建物は三ノ宮のランドマーク。

を神様に感謝して。いざ。

入口からはすべてが見渡せる最高の動線。足元には小さな噴き出し口があり、ちょろちょろお湯が噴出し、まるで神社の手水のごとく入退場時に足元を清潔に保ってくれる。なんて細やかな気遣いだろう。

浴室に入るとすぐに感じる、凛とした空気感と圧倒的な清潔感。こんなサウナはどこにもない。サウナ室は4種類。トルコ式ミストサウナのハマーム、オートシャワー付きの塩サウナ、アウフグースが頻繁に行われる高温サウナ、セルフロウリュができる静かなフィンランドサウナ。バリエーションが多いだけでなく、それぞれのサ室は機能的にも研ぎ澄まされている。ちなみにフィンランドサウナは2022年7月にリニューアルされた。

そして、「神戸サウナ」の名物はサウナだけにあらず。サウナの後に食べるサ飯も抜群。レストランには「西宮サラダ」や「肉団子」など名物の手作り逸品料理が多種多様。生田神社の神域に存在するその立地、そしてフィンランドのサウナの守り神トントゥが見守るここは、いわばサウナ界のパワースポット。人が集う、サウナという大きな「場」なのである。

「昔の『神戸サウナ』は、非常に人気店ではありましたが、特に決まったコンセプトがなかったんです。終電後にいらっしゃったお客さまが床で、廊下で、隙間があれば寝てる。夜中なんかもうここは戦場か？　というぐらい、どこで

露天風呂。サウナも温泉も手抜かりがない。

サウナ室の造りもオーセンティックで居心地が良い。

オートシャワー付きの塩サウナ。

も人が寝ているような状況だったんですよ」と語るのは、社長の米田篤史。名字を聞けばピンとくるだろう。そう、サウナ一族米田家の血筋である。「ウェルビー」の社長・米田行孝の従兄弟であり、行孝が「サウナ界のゴッドファーザー」なら、伝統を守り続ける篤史は「サウナ界のプリンス」と呼ぶのがふさわしい。しかし、祖父の代から続く昔ながらの「庶民のための街場のサウナ」が、本物志向の格式高いサウナへと転身を図ったのはいつの頃だったのだろう。

「1995年、阪神淡路大震災で建物が傾き、営業ができない状況になったのでイチから作り直そうと。そこからなんです、現在の形を目指したのは」

サウナ界のプリンスの人生もまた波乱万蒸だった。

1年を通じて11.7℃に設定してある露天水風呂。

おいしくかわいい西宮サラダ。

米田篤史社長。華麗なるサウナ一族。

風格がサイコーな三代目経営者の裏歴書
米田《よねだ》篤史《あつし》の場合

小さい頃から創業者である祖父と同じ敷地内に住んでいました。彼は24時間、365日仕事をしているようなタイプでとても豪快な人。1970年の大阪万博のとき、タイから神戸港にゾウが到着し、2頭の赤ちゃんが産まれたんです。そのうち2頭とも売りに出され、1頭を祖父が買い取り、ゾウがうちにやってきたんです。祖父は動物好きでしたが、お店の話題作りということもあったんです。それで新神戸の自宅から現在の「神戸サウナ」まで、ゾウさんとともにトコトコトコトコ歩いて（笑）。そうするとマスコミが注目してわんさか取材にやって来るわけです。当時はまだ創業して間もない頃。そういう話題を作って店を知ってもらおうとしていたんだと思います。

こんなこともありました。祖父が、たまたまテレビを観ていたときに、和歌山の浜にクジラが数十頭打ち上がり息絶えてしまっていると、そんなニュースが流れたんです。すると祖父はすぐに会社に電話して、「そのうちの1頭を買うなりもらうなりして連れてこい！」と。で、大きなトラックの荷台に氷を山積みにして、クジラを持ってきて店の前に置いたんです。すると、またマスコミがたくさんやって来た。数日後にはさばいてみんなに「ふるまいクジラ」をしたら、今度は保健所が怒ってやって来て（笑）。それがまたニュースになったんです。「クジラで2回も話題が提供できた」と、祖父は喜んでいたみたいですけれど。いまだととんでもない事件かもしれませんが、時代が時代でしたからね（笑）。

そして僕は、大学を卒業した後、修行を兼ね、

東京の小さな会社に就職しました。そこで数年ほど働いたとき、阪神淡路大震災が起きました。

震災でサウナが全壊
1日も早く再建せなあかん

急遽会社を辞め、神戸に戻ることにしました。帰ってみたら、「神戸サウナ」の建物は斜めを向いて、ほぼ全壊。とにかく、この辺一帯、ゴジラが暴れた後みたいな状況だったんです。あちこちでビルが倒壊し、全部ぐちゃぐちゃ。電気もない真っ暗な状態で、「本当に神戸は復興するのかな」って、誰もが思ったと思うんです。そんな中、当時50歳だった父と、とにかく周りの迷惑になってはいけないから建物を潰そうと。

もう一度温浴施設を作るべきかどうか、すごく話し合いました。温浴施設をまた作るとなると当然多大な借り入れも必要になるし、だいたい、この神戸の状況でお客さまがまた来てくれるのか、ものすごく不安だったんです。でも、そのとき、我々の背中を押してくれたのは街のみなさん。「神戸サウナ、いつになったら再開してくれるんや」という声を、ものすごくたくさんの方からいただいたんです。我々としては、そこまで人さまのお役に立っている施設だったと考えたことがなかった。初めて気づいたんです。地域のみなさまにこんなにも愛されていた施設だったんやと。これは1日も早く再建せなあかんと。そういう想いに変わって、とにかくいいものを早く作ろうと、みんなでねじを巻いて再建に取りかかることになりました。結果、地震から2年と3カ月後に再オープンを迎えられました。

本場のサウナを学び
大人のディズニーランドを目指す

ただ、再建するのであれば、同じようなものをまた作るのは面白くない。父と話し合い、まずは、温泉の掘削に着手しました。実は、震災以前から温泉を掘りたいという計画はずっとあったんです。でも営業しながら掘るのは不可能に近かった。繁華街ですし、作業に対するさまざまな問題もありました。でも、震災で温泉掘削が可能になったんです。うちだけでなく周辺も含めてみんな倒壊してしまったので、作業がしやすくなった。それで掘削したら温泉が湧出したんです。

せっかくなので、サウナも2ランク、3ランク上を目指そうと。いろんなところへ視察に行きました。サウナの原点に立ち戻り、フィンランドへ行ったり、ドイツへ行ったり。施設を作るにあたり、いちばん最初の白い図面の上に置いたのがメインサウナでした。それからサウナを合計4つ置いて。スチームサウナのハマームも、いまでこそたまに見かけますが、当時はほかの店にはなかったと思います。塩サウナは昔から根強い人気があったので、これは欲しかった。それ以外にも2つ作ったのは、本物のサウナを提供したかったからなんです。何度もフィンランドに足を運び、本物のサウナがどういうものかを肌で感じ、なんとかそれを再現したかった。なので、サウナルームにテレビを置きたくなかったんです。でも、日本のサウナには必要だという意見に抗えず。でもスペース的には小さいサウナをもうひとつ作れることになったので、そっちにはテレビを置かず、お客さんに自分でロウリュを楽しんでいただけるフィンランド式サウナにしようと。考えごとをしたり、自分と向き合える場所にしたかったんです。そして、建物の入口にあるトントゥはフィンランドで特注して作ったものを運んできました。

ディズニーランドなんかにもよく視察に行きました。お客さまへのサービスやホスピタリティという点においては、結構参考になる部分があるん

です。「大人のディズニーランドをここに作ろう」というのが僕のテーマでしたから。例えば、浴室の出入口で足をきれいにしていただくシステムなどはその一例。そうすれば気持ちよく浴室に入れますし、逆にきれいになってからの最後の一歩もすごく大事。せっかくきれいな体になったのに、つま先で出てくるような施設ってあるじゃないですか。あれはもう台無しだと思うんです。最後ももう一度足をきれいにして、浴室から出た一歩目のところに足の水分を取ってくれるタオル地のマットがきっちりと敷いてある。そういうことが、快適さを感じてもらうにはすごく重要だなって。

泥酔客は禁止
ホスピタリティを追求する

いまもたまに「昔よく来てたよー」って言われるんです。70歳ぐらいの方に。それに続く決まり文句が「終電乗り遅れてな。世話になったわ」って（笑）。もちろん、いまもそこの需要はあるんです。でも終電乗り遅れてタクシー代よりも安いから行く施設、本当にそれでいいのかと。そうじゃなくても来たいと思ってもらえる施設を作りたいよねって。もちろん、たくさんのお客さまに来ていただきたい。でも、再建にあたっては、酔っ払いの避難所にはもうなりたくなかったので、この施設のコンセプトを明確に線引きしていったんです。ですから、震災前と比べれば、正直敷居は高くなったかもしれません。サウナといえど、それなりのマナーを守っていただきたいんです。たまにあるんですよ、3人が街中で飲んでて、そのうちの1人ができあがってしまい、仲間2人に担がれてフロントまで連れて来られ、「あと頼むわ」みたいなケースが。そういうときは、「申し訳ないですが、お帰りください」とお断りしています。カプセルホテルで1回チェックインしても

ベロベロになって戻ってきたら、お金を返してでもお帰りいただくことを徹底しているんです。うちを楽しみに来ていただいているほかのお客さまにも迷惑ですし、そういったことを許容していると「神戸サウナ」ではなくなりますから。

そして、アメニティもこだわりました。昔だったら「形だけ置いておけばいい」でしたが、あらゆる世代に合わせたものを、5種類か6種類置くようにしてあります。バルカン（ヘアートニック）だけ1つ置いているような施設に若い子なんか行きもしないですし。そういうものもきっちり揃えないとお客さまを満足させるホスピタリティはできません。なので儲からないですよ、ほんと儲からない（笑）。

食事にもこだわっているんです。ビジネスホテルさんなんかを競争相手に考えていましたので、朝食も付けていかないといけない。だから、ちょろっとしたものでなく、バイキング形式にした。あと、レストランのメニューには「西宮サラダ」というのがありまして。たまたま行った知り合いの家のお母さんが作ってくれたサラダなんです。すごく素朴なんですけど、懐かしくてものすごくおいしくて。レシピを教えてもらってうちのチーフに伝えて、「西宮のおばちゃんに教えてもらったから西宮サラダっていう名前にしたら」と言ったら、それがすごい人気商品になったんです。人気といえば「肉団子」も手作り。ちょうど創立60周年の年に社員旅行で台湾へ行ったんです。それでうちの料理長といろんなところを食べ歩きをして。そのときに食べた肉団子がおいしかったので、チーフが「60周年を機に名物料理を作ります」と言って、それを再現してくれたんです。

サウナで地元に恩返し

サウナの文化、裸の文化というのは、これから

すごく大切な役割を果たすようになるんじゃないかと僕は思っています。フィンランドでは大切な人をサウナに招く文化がある。政治の世界でもビジネスでも。裸になるというのは、武器や危険な物はなにも持っていないですよ、ということであり、だからこそ腹をわって話せるんです。いま世界で求められているのは、そういうことじゃないかなって。会社の上司と部下であっても、親子であっても、友達同士であっても、国と国の政治家同士であっても。裸になるというのは、自分を全部さらけ出す行為であり、誰かと入るとその人と向き合い、ひとりで入ればとことん自分と向き合う。そういう意味でこの時代にはとても大切な場所なんじゃないかなと。

昔は街のそれぞれのエリアの中に銭湯があって、そこに情報が集約され、行くとその街のいろんなことがわかる。どこどこの誰々ちゃんが結婚するらしいとか、子供が生まれたらしいとか、その街のコミュニティが銭湯の中にあったわけです。僕らはそういう存在でありたいんです。だからいろんな企画も催したりしています。例えば、父の日であったら、親子で来れば無料、お父さんの背中を流した子供にはアイスクリームをあげるよ、とか。それからスタッフが無料でお客さまのお背中を流したりもするんですが、ここでもやっぱり会話が生まれるんですね。お客さまからするとだいたい息子ぐらいの世代が背中を流してくれる。当然「ありがとう」という言葉も出てきますし、ちょっとした世間話で和んだりする。そうやって、人々にとって些細なコミュニケーションができる場になってもらえたら、という想いがすごくあるんです。「神戸サウナ」に行ったら、もちろん体がきれいになるけれど、なんか心も元気になったよ、みたいな場でありたいなって。

神戸ってね、ものすごく閉鎖的で特殊な街なんです。だからいまあるものを守っていくことがと

ても重要だと思っていて。例えば、自然。神戸は自然が多いので、自然と共生するような、より本物に近い施設を作ることに興味があるんです。あと、「神戸サウナ大学」という活動をしていまして。地域のみなさんが交流できる場として、うちでいろんなアクティビティを「部活」と称してやっているんです。映画部、軽音楽部、コーヒー部、ピクニック部、ラグビーファンクラブ、いろんな部活をみなさんに楽しんでいただき、最終的にはサウナを楽しみながら、裸のコミュニケーションをする、そんなつながりができたらなと。

この活動は地元に恩返しをしたいという想いからのスタート。我々ができることはなにかと考えたとき、我々のビジネスと地域のみなさんの活動を融合させることじゃないかと。65年以上に渡り、この場所でずっと商売をさせていただけているのは、本当に地元のみなさん方の支えがあったから。それしかないんです。本当に感謝しています。

神戸サウナ＆スパ

㊟兵庫県神戸市中央区下山手通2-2-10
☎078-322-1126
☎078-322-1726（レディスフロア）
㊧24時間　㊡無休　㊕¥2,900ほか
宿泊可　食事処あり
www.kobe-sauna.co.jp

フィンランドサウナではセルフロウリュもできる。

テーマパークみたいで
サイコー！

湯らっくす

（熊本県熊本市）

サウナという名のテーマパークにライドオン

九州新幹線を下車、熊本駅に降り立つ。太平燕《タイピーエン》に馬刺しにだご汁にくまモンに。数々の名産品のウェルカムシャワーを浴びながら、駅ビルで「からし蓮根コロッケ」を腹に収める。西の聖地での戦いの前哨戦だ。

タクシーに揺られて5~6分。そびえ立つ赤い看板が目に入る。「サウナと天然温泉 湯らっくす」。これから「サウナという名のテーマパーク」にライドオンすると思うと気持ちが高ぶる。

入口を入ると、名物「MADMAXボタン」と高所に並べ飾られた何台ものサウナストーブがお出迎え。初めて訪れると、この威圧感とただものではないオーラに気圧《けお》されてしまうかもしれない。しかし、地元ではスーパー銭湯として老若男女に親しまれている施設なのである。遠慮はいらない。

入館手続きを済ませると、ロッカーでシックな館内着に着替え、いざ浴室へ。浴室は黒を基調とした落ち着いた雰囲気。蒸気に煙った世界で、裸の猛者たちが悠然と至福の時間を過ごしている。

体を清めると、まずはスチームサウナへ。ここのスチームは尋常じゃなく温

赤くそびえ立つ看板。

入るとすぐに目につくサウナストーブ。

名物メディテーションサウナ。

度が高い。ほぼ視界ゼロの空間の中で、ゆったりとかく汗が心地よい。

スチームサウナ後は、隣にある真打、メディテーションサウナ。セルフロウリュができるこのサウナは、天井が低く窓から外光がほんのり差し込む。室内にうっすらと流れる、この場所のために作られたメディテーション音楽。程よい湿度と温度の中でゆっくりじっくり蒸されながら、自分と向き合う。室内に置かれたラドルでサウナストーンに阿蘇山系の天然水をかければ、ジュワーッというロウリュサウンドとともに立ちのぼる、柔らかい水蒸気とほのかなかんきつ系の香り。もう頭の中は真っ白、なにも考えられない。

メディテーションサウナを出ると、目の前には「湯らっくす」最強のアトラクション、水深１７１㎝の水風呂が。芥川龍之介の「蜘蛛の糸」をモチーフにしたという天まで伸びるロープと、それを登ることで初めて押すことができる「ＭＡＤＭＡＸボタン」。ボタンを押せば『マッドマックス　怒りのデス・ロード』のクライマックスシーンさながら、恵みの水が華厳《けごん》の滝状態となって脳天を直撃。その世界観と水圧に圧倒されつつ、命からがら休憩スペースへ。めくるめくサウナ体験で脳が混沌としているところへ、熊本のさわやかな風が頬をなでる。この落差に瞬時にととのう。ここはまぎれもなくサウナという名のテーマパークだ。唯一無二のぶっとんだ世界観と最高のサウナコンディション。その産みの親であるオーナー西生吉孝の人生もまた波乱万蒸だった。

〝奇才〟湯らっくす・西生吉孝社長。

入口にもあるMADMAXボタン。

深さ171cmの水風呂。

サイコーサウナ〝監督〟の裏歴書

西生吉孝《にしおよしたか》の場合

我々の時代はアメリカンカルチャーの全盛期。音楽はブルース・スプリングスティーンが好きだったり、映画でいうと『アウトサイダー』とか。とにかくアメリカに憧れて、映画の勉強をしに行きたいなと。それで高校卒業と同時に、アメリカの西海岸、ロサンゼルスへ行きました。

最初は英語学校へ行って、その後カレッジへ。でも、18歳ですからほかのことが楽しくて。ほぼ学校へは行かなくなっちゃったんです。

ちょうどそのとき、ロスの寿司屋の大将から声をかけられたんです。うちで働かないかと。本物感を出すために、寿司なんて握れないのに日本人の自分が花台に立って作っているふりをするんですよ。本当は裏でメキシコ人が作ってるのに。すごく楽しかったですよ、最終的には寿司を握れるようになりましたし（笑）。

2年ぐらい寿司屋にいたんですが、そのうちクラシックカーがすごく好きになりまして。クラシックカーの工場に通うようになったんです。当時は日本人がいっぱい買いに来てました。所ジョージさんとかも買いに来られてましたね。

僕は展示会場内で名車の運搬を担当したりしていて。そうしたら寿司屋の大将から、「寿司屋か車屋か、どっちか選べ」と。もう車がやりたくて仕方がなかったので車の方に行って、さらに大学からも呼び出しくらって、「お前はもうダメだ、日本に帰れ」と。で、帰る前にニューヨークに行っとこうと。「もうひとつの映画の都」って言ったら、ウディ・アレンのニューヨークじゃないかなと。映画で有名なニューヨーク大学に、とりあえず記

念に願書だけ取りに行こうと。行ったら、受付にいた黒人のおばちゃんに、「お前は何者だ」と聞かれて。「願書取りに来たんだけど」と答えたら、「ちょっとこっちに来い」と連行されて。それで「僕、いま寿司屋をやってまして」と身の上話をいろいろしたら、「お前、面白いからうちの学校に入れてやる」って、その人に入れてもらったんですよ、大学に（笑）。

アメリカには「アファーマティブ・アクション」というのがありまして、女性や黒人や有色人種にも平等に教育の機会を与えましょう、というプログラムなんですね。黒人のおばちゃんは、大学でそのプログラムを統括するいちばん偉い人だったんです。こんな機会は絶対にないからと、勉強をし始めたんですが、めちゃくちゃ大変でした。それまでちゃんと勉強したことがなく、教科書を1ページ読むのに30分くらいかかってましたから。でも、これラストチャンスだなと思って、勉強ばっかりするようになりました。

ゲーセンは東洋人の自分が唯一ヒーローになれる場所だった

ニューヨーク時代は勉強をするか、ゲームセンターに行くか、しかやってなかったですね。当時は「ストリートファイターII」全盛期で、42番街にニューヨーク中の強いやつが集まってくる24時間営業のゲーセンがあって、そこに朝から晩までいたんです。いまみたいにチャンピオンシップがあったわけじゃないし、プロゲーマーなんかいない時代。そこで僕はチャンピオンになったんです。東洋人の自分が唯一ヒーローになれる場所だったというか。中でも「フェイロン」っていうブルース・リー似のキャラクターがいて、ゲームの設定上は弱いキャラなんですが、それで勝つと周りの黒人たちがみんな喜んでくれるんです。それがう

れしくて。そうそう、それである日、すごい美人のスーパーモデルみたいな女性を連れたギャングがゲーセンに来たんです。で、僕とストIIを対戦して、彼が負けて。負けたら交代しなきゃいけないんですが、なかなか動かない。すると彼が、「どうしたら勝てるんだ、教えてくれ」と。で、教えたんです、1時間ほど。そうしたら、「ヘイ、ニガ！」なんて言ってご機嫌で帰って行って。すると仲間たちが、「お前スゲえじゃん！」って騒いで。「なんなの？」って言ったら、「あいつ、ヒットチャートナンバーワンのラッパーだぞ！」って（笑）。

米国留学から帰国、サ道へ

ある日、親父が留学先に観光でやって来て「俺はもう病気で長くないから、熊本に帰って来て、家業のサウナを手伝わないか」と。さんざん世話になったし、帰ってもいいかなと思って帰国したんです。でも帰ってきても、親父は病気どころかピンピンしてる。嘘だったんですよ（笑）。

最初は、朝の風呂掃除からフロントまで一通り。やっていくうちにレストランがいちばんの聖域だということがわかったんです。とにかく当時は、料理長がすごく強い。気に入らないことがあれば「総上がり」といって、調理場のスタッフを全員連れて辞めてしまう。僕はそういうのが嫌で、あっという間につまらなくなってしまった。

それで、近くで居酒屋を始めました。店員を募集したら、給食センターのおばちゃんが2人やって来て、「じゃあ、おふくろ料理にするか」と、そのおばちゃんたちと一緒に「おふくろ料理・大福亭」というお店を始めて。僕も一緒におふくろ料理を作ってました（笑）。でも、おばちゃんたちが、リウマチだとか、脚が痛いとかいって休みがちになっていくんです。そうすると手が回らな

くなるので、惣菜とかデパートで買ったものを出すようになって。こんなんじゃダメだなと、当時飲み屋の女の子とお付き合いしていたので、「手伝ってくれないか」と頼んで、彼女に接客に入ってもらって。お客さんの大半はうちのお風呂帰りのおじさんたち。みんな喜んじゃって。380円で生ビールが飲めて、若い女の子が接客してくれるから。それでちょっと流行り始めたんです。

ニュージャパンに学んだ経営哲学
無駄にお金を注ぎ込め

で、彼女に「ちょっと友達連れて来てよ」って言ったら、熊本のナンバーワンがバイトに来ちゃって。そうしたら、お客さんたちが大フィーバーしちゃいまして。もはや、おふくろ料理はまったく関係なくなりました（笑）。ただ、普段は日給5万円くらいの女の子が時給700円だったんで、彼女たちはバカらしくなって3カ月くらいするとみんな辞めちゃいましたけどね。

その店は3年くらいやりましたが、最後は結構借金が残ってしまって。最後にお店を任せたお姉さんがお金を持ち逃げしてしまったんで、閉めることにしたんです。その間、「湯らっくす」本体も危なくなっていたので、戻ることにしました。その後は料理長とケンカしながらも、3年ぐらいはとにかく堅実に、収支を見ながら経営をしていきました。そうしたら経営状態も次第に戻っていって。それでもう大丈夫だと思ったんですよね。そしたら、また勘違いしちゃって。頭を丸めて、出家したいって言い出したんです、僕が（笑）。

会社を立て直して、売上が過去最高になって。たったこれだけの成功体験で、自分は天才だと勘違いしたんですよ（笑）。それで千利休が着たっていう5万円ぐらいの作務衣をダマされて買いましてね（笑）。気に入ってそれをずっと着て、写

経とかしてました。でもそれもすぐに終わりました。あっという間に売上が落ちていったんです。それで、ようやく目が覚めました。

ただ、つかの間の出家生活ではありましたが、このことがきっかけとなり、ヨガに興味を持ち始めたんです。当時ニューヨークでもヨガが流行り始めていましたし、ヨガはインド発祥で、仏教とヒンズー教って結構つながるところが多い。

そんなとき、大阪の「ニュージャパンサウナ」に行ったんです。そうしたら、そこでストレッチ教室をやっていたんです、低温サウナの中で。いまでいうホットヨガの走りですが、ニュージャパンではずっと前からそれをやっている。恐るべしです（笑）。しかも、ニュージャパンってどうでもいいところにお金をかける。当時、エレベーターガールが4人ぐらいいましたから。デパートじゃないのに（笑）。で、思いつきました。「これだ！　俺が目指すべきところは」と。

そして、「湯らっくす」にも、お世話係を入れました。おしぼり配るだけのスタッフを。税理士さんに「人件費上がってますよ」と注意されましたが、とにかくニュージャパンに近づきたかったので、「俺は自分の殻を破るためにここにお金をかけるんだ！」と思い込みましたね。いかに無駄なことにお金をかけるかということに一生懸命になって。でも、いまだにそこは正解だと思っているんです。いかに無駄を省くか、ではなく、いかに人が無駄だと思うところにお金をはれるか、どれだけその幅を持てるのか、そういうところがサウナ運営には絶対に大事だと僕は思うんです。

ケンカして家を出て福岡へ
しかし、父と姉の死、そして地震

そして、マッサージも全部直営にして、ニューヨークで流行り始めたホットヨガも取り入れまし

た。最初は新しすぎてうまくいきませんでしたが、途中からヨガブームになってきて。で、福岡にヨガスタジオを立ち上げたら、そっちがどんどん軌道に乗って面白くなっちゃって、熊本に帰らなくなっちゃったんです。それでもう、親父が怒っちゃって。僕の姉貴を「湯らっくす」に戻すから、お前はもういらない、って言われたんです。

結果、7年ぐらい離れました。そうこうしているうちに親父が亡くなり、「湯らっくす」の経営状態もまたどんどん悪化していって。こっちは半ば喧嘩して家を出たし、戻る気はなかったんです。でも、姉もその1年後にがんで亡くなってしまったんです。すると、おふくろが「お父さんと2人で作ったんだから、このまま続けたい」と言い、姉貴から託されたという僕宛の手紙を渡されて。そこには、「お金のことは心配しなくていいから継いでほしい」と書いてあった。それを読んだら、「なんかカッコ悪いな、俺は」と。胸がいっぱいになりました。親父とおふくろ、そして姉の想いと、いろんなものに背中を押され、「湯らっくす」に戻ることになりました。

2015年12月、社長に戻りました。でも、その4カ月後、熊本地震が起きたんです。家族はもちろん、スタッフや税理士さん、周りのみんなが心配しまして。社長に戻ったはいいけれど、さすがに今回は店をたたむんじゃないか、と。でも僕は、逆にそれが良かったと思ったんです。不謹慎かもしれませんが、こんな経験って生涯絶対にないことだと思いましたし、ピンチはチャンスじゃないですが、そんなふうに思ったんです。もちろん、すごく大変な思いもしたんですが、逆にすごく吹っ切れたというか。

そんなとき、「ウェルビー」の米田行孝さんと「スカイスパ」の金憲碩《きんけんせき》さんが、「これを使ってください」とサウナカー（注：車で牽引するサウナトレーラー）を持ってきてくれたんです。それが

本当に素晴らしくて。日々不安でどうしようもないことがたくさんあるんですが、やっぱり、サウナに入ると落ち着くんです。親父もサウナが大好きだったたし、やっぱり僕もサウナの人間。「ああ、そうだ、僕はこんなサウナをやるべきだな」って。

改装中から大反響
さらなる高みを目指して

でも、いざ改装しようとすると、当たり前なんですが、お金がすごくかかるんです。どうしたもんかと頭を悩ませていたら、実は、姉がお金を遺してくれていたんです。だから姉の弔い合戦だという気持ちになって、がむしゃらになって。そうしたら、改装している最中の頃、ツイッターに全国からすごい反響がきたんです。「湯らっくす」っていう熊本の風呂屋がすげー改装してるぞ！って。正直、東京の人が反応するとは思いもしなかった。そこからサウナ好きの人たちがどんどん反応してくれて。ホントにびっくりしましたね。

力を入れたのは、サウナカーから発想したメディテーションサウナ。そこでいちばん重要視したのは呼吸なんです。呼吸するサウナ。当時は輻《ふく》射《しゃ》熱が強いサウナが主流で、もちろんそれもいいのですが、息苦しい。それとは発想を変え、いかにストーブにいちばんいい空気を吸わせ、入っている人間の呼吸もしやすくしていくかを考えたんです。そのためには空気が対流することがいちばんだと。それはもちろんヨガの影響もあると思います。

水風呂のＭＡＤＭＡＸボタンは、ボタンを押すとニトロエンジンで車がぶっ飛んでいくイメージです。映画の『マッドマックス』シリーズが大好きで。水が落ちてくるのは、『マッドマックス 怒りのデス・ロード』の最後のシーンのイメージです。生きるために水を奪い合うという荒廃した

世界の話ですが、最後、水を出したときに虹がかかるんです。だから、もしかして、大量の水を降らせば、風呂場に虹がかかるかもって（笑）。あと、水風呂の深さが171㎝あるんで、ボタンは綱を登らないと押せなくなっているんですが、それには理由があって。人間って登って落ちないとストーリーにならないんですよ。だから、カッコ良くない、落ちたことのないヤツは。『蒲田行進曲』も階段落ちが最高じゃないですか（笑）。そういう、いろんな想いが詰まっているのが、あのサウナと水風呂なんです。

いま、世界中がとんでもない目に遭っていますが、ヨガに「Practice, and all is coming.」っていう言葉があるんです。これはアシュタンガヨガの祖、シュリ・K・パタヴィジョイスという人の言葉で。「ただただ練習しなさい。さすれば向こうからすべてがやってくる」という、シンプルかつ重要な教えとしてヨガ界では有名な言葉なんですが、僕はいま、そういう心境ですね。「なにかやりたい、これをやりたい」というアイデアは浮かんだりはしますけれど、世界はどうなるかわからない。でも、ひとつだけ、構想があって。今度休憩スペースに個室を作ろうと思っているんです。僕は、尺八をやるので、楽器の練習用に防音ルームがあればいいなと前から考えていて。ほかにもそういう人ってたくさんいると思うので、有料で貸し出しするのがいいかな、と考えているんです。

湯らっくす

㊟熊本県熊本市中央区本荘町722
☎096-362-1126
㊫24時間(8:00~10:00は浴室利用不可)
㊡無休　㊕¥790~
宿泊可　食事処あり
www.yulax.info

推しサ飯、麻婆麺。スパイシーさはやみつきに。

アウフグースショーが
サイコー！

スカイスパYOKOHAMA
（神奈川県横浜市）

日本のアウフグースも牽引する駅直結サウナ

2022年9月。アウフグースの世界大会がオランダで行われた。日本は初参戦ながらも決勝進出を果たし、チーム部門では鮭山未菜美&鈴木陸ペアが8位入賞、フリースタイル部門では五塔熱子が3位という堂々の成績を残した。この日本人選手の躍進を陰で支えていたのがこの施設だった。

横浜駅のランドマーク、スカイビルの14階にある「スカイスパYOKOHAMA」。サウナーなら知らない者はいない、人気、実力ともに全国屈指の施設である。そして、ドラマ『サ道』はここスカイスパから始まったといっても過言ではない。ドラマを制作するにあたり、原作者のタナカカツキさんと最初のミーティングを持ったのがここだった。当時、カツキさんはスカイスパをホームベースにしていて、サウナに入った後は、コワーキングスペースで仕事をするのが日課だった。僕は監督の長島翔さんとともに訪れると、スカイスパの食堂でプレゼン。カツキさんはニコニコしながらすぐに快諾、「熱波の甲子園が行われて日本一を決める大会がある」「サウナ音楽だけをひたすら作っている

リモート会議にも対応した個室ブース。©コクヨ株式会社

女性サウナ室も快適そう。

現在のエントランス。

作曲家がいる」「北海道に白銀荘という最高のサウナがある」という僕らにとっては夢のような話をたたみかけるようにしてくれた。「これなら12話いろんなバリエーションで作れますね」とワクワクしながら話したのを覚えている。

そんな個人的な思い出が詰まったスカイスパが、2021年、サウナの歴史を変える大型施設を上階にオープン。フィンランドから直輸入した巨大なIKIストーブを3台備え、総重量800kg超のサウナストーンを積み、約100人の男女が同時利用可能で、音楽や映像、アウフグースショーも愉しめるという国内最大級のサウナ室「サウナシアター」である。僕はさっそく訪れてみた。

集まったオーディエンスは八十余名。さながら劇場で開演を待つかのごとくこれから始まるパフォーマンスを固唾を呑んで待っている。照明が落ち、出囃子さながらの軽快な音楽がスタート。アウフグースマスター（注：ロウリュで立ちのぼった蒸気をタオルで扇いでくれる人のこと。アウフギーサー、熱波師）が入室すると大きな拍手が沸き起こる。マスターは少々の挨拶を述べると軽快な動きとともに巨大ストーブにアロマ入りの氷、キューゲルを手早く並べ、ロウリュ水をかけていく。たちまち立ちのぼる蒸気。巨大サウナ室は急速にアロマの香りで充たされ、参加者たちはみなそれぞれ深呼吸。僕もフレッシュな蒸気が体内に行き渡るように呼吸する。そして、音楽が次の曲に変わると、マスターのパフォーマンスが始まる。音楽に合わせ振付のようにタオルをはためか

館内は気の利いた装飾でいっぱい。

100人入れるサウナシアター。

ショーアウフグース。

せ立ちこめる蒸気を攪拌、参加者に熱波を送るのだ。鎮座する巨大サウナストーブの背後の壁には映像が映し出され、音楽とも相まって参加者のボルテージはどんどん上昇していく。そして、音楽が止み照明が暗転。サウナ室は割れんばかりの拍手に包まれる。その間十数分。なるほど、これがいまサウナ界を席巻している「ショーアウフグース」。それはまるでバンドやアイドルのライブステージを観ているよう。一点違うのは、体を流れる大量の汗。

オーセンティックな施設ながら、現状に甘んじることなく常に革新的なものを取り入れていく。それがスカイスパの魅力の源。サウナの歴史において、後世必ず語り継がれるであろうエポックメイキングなサービスの種をまくのである。休憩スペースにコワーキングスペースやミーティングルームを設置したり、件のアウフグースももちろんそう。ロウリュとアウフグースを現代の日本のサウナにおいて欠かすことのできない存在にまで押し上げたのもスカイスパだ。スカイスパをベースに活動するアウフグース集団、「アウフグースプロフェッショナルチーム」は、前述のとおり2022年にメンバーが世界大会にも出場、今や日本のアウフグースを牽引する存在にまで成長した。

そんな彼らを統括、リードするのがスカイスパの二代目経営者、金憲碩だ。国際サウナ協会の理事であり、日本にアウフグースの世界大会を誘致した中心人物。彼の人生もまた波乱万蒸だったのである。

スカイスパの代表、金憲碩。

アウフグースプロフェッショナルチーム。

リラックスできる食堂。©コクヨ株式会社

サイコーなハマの二代目経営者の裏歴書

金憲碩《きんけんせき》の場合

そもそもは父が始めた事業でした。韓国から日本に渡ってきて「これからは健康の時代だ！」ということで1968年、昭和43年にスカイスパの前身「スカイサウナ」をスカイビルに創業しました。昔のスカイサウナは11階建てで、僕は子供のころからよく遊びに来ていました。家族でサウナに入り、そのあとビルの中で食事をするのが楽しみでした。古いスカイビルは89年、平成元年に取り壊しが始まり、96年にリニューアルしていまの形になりました。

高校生のときに、たまにサウナでアルバイトをしていたんですが、夜の9時を過ぎるとはとんどの店が営業していないので、エレベーターを手動で動かさないといけなくなるんです。当時7階が入口だったんですが、お客さんが来たら7階のボタンを押してドアを開けてお客さんを降ろし、また1階に戻って、また来て……を繰り返して。女性のお客さんもいましたが、当時はお金持ちのマダムやわけありの女性も多く、水商売関係の方が前日の酒を抜きに来たり、夜、お店が終わった後に来たり。最高で1万円のチップをくれた人もいましたね（笑）。

そんな感じで、なんとなく学生時代から家業を継ぐんじゃないかなっていう雰囲気でした。ただ、海外を見てみたいという想いもあり、アメリカに留学したんです。アメリカの修士課程では職場での経験が要求されるので、ハイアットホテルと留学先のNYU、ニューヨーク大学のカフェで働きながら、大学院でホテル経営を学んでいました。ただ、NYUは学費が高いのでロサンゼルスにあ

る公立の短大で必要な単位を取得したりもしました。休みはほとんどありませんでしたが、苦にはならなかったです。仕事は主に夜勤でしたし、朝イチでゴルフに行ったりもしてましたから（笑）。

サウナは男性のものというイメージを払拭したい

本当はアメリカでもっと働きたかったんです。でも、96年にスカイビルができあがり、店もリニューアルオープンすることになりました。そこで、自分の考えを反映させるためには、早く戻った方が賢明だと。そして、これからの時代はサウナではなく「スパ」を売りにした方がイメージを変えられると思ったんです。それでリニューアルに際して「スカイスパ」というネーミングを提案したら先代は、「いや、ちょっと待て。スパなんて言葉、聞いたことないぞ」って（笑）。

先代もいろいろ考えたのでしょう、ある日、会議室のホワイトボードに「サウナ白夜」って書いてあったんです。いまだったら結構いいと思うんです。サウナブームですし、フィンランド＝白夜と連想する昭和の感じも、一周して渋いじゃないですか。個人的にはそういう伊勢佐木町にありそうな渋い感じは大好きなんですけどね（笑）。

でも、幅広い人に来ていただかないと経営が成り立たない。「スパ」という言葉の響きがあれば、サウナは男性のものというイメージを払拭できると思ったんです。僕も借金背負ってやると本気で覚悟を決めていましたから、最終的には先代も折れ、「じゃあ、勝手にしろ」と言ってくれました。だから社員には、自分たちが決断した方が、思い入れもできるから絶対にいいといつも言ってます。

当時は、とにかく女性に来てもらいたかった。女性こそサウナに入るべきだと思っていましたし。でも、僕が帰国した90年代半ば、日本では男女雇

用機会均等法など施行されて少し経ってはいましたが、まだまだ男性優位の社会。サウナ利用者も8割が男性で女性は2割でした。僕が帰ってきて建築図面を見たら、案の定男湯、女湯の面積が8：2。それだとこれからの時代に合わないと、なんとか6：4ぐらいに変更させてもらって。

あとはコーポレートアイデンティティ、ＣＩも一新しました。留学中にＣＩの重要さをすごく感じていたので、ロゴやイメージを新しく統一することは、旧来のサウナが持っている古いイメージから脱却するには有効だと思ったんです。当時、知り合いがニューヨークのデザイン会社に勤めていて、彼に頼んで60万円かけてロゴマークを制作したんです。僕は、そんなに高額なギャラだとは思わない。大きな企業のＣＩはケタがまったく違うじゃないですか。でも、当時の会社の人たちにはそういう感覚がありませんから、「ちょっと描いて60万とか泥棒じゃないか！」って（笑）。

選択肢を増やすことはその国のサウナ文化を豊かにする

そして、大改革したかったのはうちのメインであるサウナでした。当時のサウナ室の主流は、110℃が当たり前の昭和ストロングスタイル。実は、ニューヨークから帰国するときに、ヨーロッパを周遊したんですが、そこでロウリュの衝撃を受けたんです。室内の温度が80℃前後でもロウリュをすることによって、湿度が上がりすごく気持ちのよい汗がかける。これだ！　と思い帰国してから研究し、ロウリュができるようなサウナ室にしたんです。それによって女性やサウナが苦手な人も入りやすい環境になったと思います。一方で常連さんからは、「寒い！　風邪引くよ」ってすごくお叱りも受けましたけどね（笑）。

中温多湿設定と、テレビを置かなかったことに

ついては、お客さんから不満の声がすごく上がりました。でもオートロウリュと、スタッフが水をかけてタオルを少し振ることで、かなり体感温度が上がるんです。どんなに文句を言われても当時は自分も若かったからか、まったく気になりませんでした。僕だって子供のころから20年以上110℃のドライに入ってましたけど、こっちの方が断然いいじゃないか！　っていう根拠なき自信ですよね（笑）。でも、そういった選択肢を増やすことは、その国の「サウナ文化」を豊かにすると思うんです。

そして、横浜駅直結という恵まれたロケーションなので、老若男女がみんなで楽しめる場所にしたいという想いも強くありました。日本の温浴文化である銭湯も、男女が一緒に行けるのが良さだと思うんです。例えばいま、僕はうちの食堂でお話ししてますけれど、横のテーブルで男女が楽しそうに話している感じって、なんか華があるじゃないですか。うちは上場企業の社長さんから学生さん、お年寄りの方まで、本当にいろんな方がいらっしゃるんですが、こんなにみんなが平等に幸せに健康になれる場所ってあまりないと思うんです。

コワーキングスペースに関しては、もともとここで仕事をされる方が多かったですし、前々からコワーキングとサウナは相性がいいと思っていました。そこにたまたま文具メーカー「コクヨ」の川田直樹さん（注：コクヨのサウナ部長としてサウナーには有名）が来られ、サウナ×コワーキングのプランを持ってきていただいたんです。そのプランがとても現実に即していました。お客さんからの要望もありましたので、やらない理由はないと、すぐに取り掛かりました。

アウフグースマスターのための
最高の舞台を用意したい

ドイツのアウフグースの歴史は、サウナで清掃したり、メンテナンス・接客をしている裏方のスタッフにスポットライトを当てるという目的で始まりました。それが次第にエンターテイメント化していったんです。

２０１９年、オランダで行われたアウフグースの世界大会に初めて行きました。そのとき、１０００人、２０００人と人が集まるのを見て、すごい数の人々を魅了するんだなと感じたんです。帰国してからは、僕はあまり細かいことは言わず、うちのアウフグースマスターで芸人もやっている、箸休めサトシくんをはじめスタッフたちに任せました。すると、自分たちでいろいろと工夫をしてくれて。アウフグースのお客さんって本当にみんな笑顔で、心の底から拍手してくださっているので、やっている側としては、たまらないものがあるみたいなんです。あの空間でお客さんもやっている側もみんなで熱波を共有すると特別な感覚になりますし。彼らも『サウナイキタイ』なんかで自分たちの評判をエゴサしてるようで（笑）、それがまたモチベーションになっている。僕は僕でヨーロッパのアウフグースで使っているような香りやいろいろな最新のものを彼らに提供して。施設全体で楽しんで行うことが質の向上にもつながっているんじゃないかなって。１００人同時に入れる日本初のアウフグースショー専用サウナ「サウナシアター」を作ったのは、アウフグースを頑張ってる彼らに最高の舞台を用意したいという想いもあったからなんです。

日本のサウナはトップレベル
アウフグースの世界大会を日本で

経営的に言うと、あんなの本当は作っちゃいけないと思うんですよ（笑）。僕はわりと手堅い経営をする方ですから、自分らしからぬ感じです。

でも、僕は国際サウナ協会の理事もやっておりまして、将来、日本にアウフグースの世界大会を誘致したいと思っているので、そのために施設を整えておきたかったという気持ちが大きいんです。

ヨーロッパではアウフグースは非常にポピュラーなサウナパフォーマンス。年に1度各国のトップクラスのアウフグースマスターを一堂に集め、世界チャンピオンを決定する世界大会が開催されているんです。これがどういう大会かというと、200人ぐらい入れるサウナ室でやるんですが、技術、熱さ、香りなどさまざまな評価基準があり、それに沿って審査員が採点をしていき、そこで点数の高かった上位が世界大会に参加する。これまでは、ドイツ、イタリア、ポーランド、オランダ、ノルウェー、デンマークといったヨーロッパ各国がメインでしたが、2022年からは日本代表が初のアジア勢として公式に参戦できることになったんです。世界大会ではシングルとチーム、予選上位8位までがファイナルへ進みますが、9月に行われた大会では、日本はファイナルまで行き、入賞を果たしました。初出場でファイナルまで進んだのは日本が初なんです。

ひとり静かに入るのも、銭湯みたいにみんなで集ってコミュニティ化するのも、シアターのようなエンタメスタイルで大人数で盛り上がるのもサウナ。いろんなサウナがあっていい。選べるということが重要で、それが文化を作っていくんです。間違いなく日本のサウナはいま、世界でトップレベルだと思います。でもね、個人的には昭和スタイルも好きなんですよ。居心地もいいし。みんなゴーイングマイウェイで、それぞれサウナ入って、水風呂入って、マッサージやって、アカスリやって、ビール飲んでみたいな感じの。そのうち伊勢佐木町あたりに旧き良き店舗を出しているかもしれません。「サウナ白夜」という名前で（笑）。

スカイスパ YOKOHAMA

㊟神奈川県横浜市西区高島2-19-12
スカイビル14F
☎045-461-1126
㊖24時間（8:30〜10:30は浴室利用不可）
㊡無休　㊕¥1,450〜
宿泊可　食事処あり
www.skyspa.co.jp

横浜を一望できるサウナ室も魅力的。

撮影：山元茂樹

コロナ時代もサウナでととのう

ドラマ『サ道』の原田泰造&タナカカツキ&五箇Pが「サウナ北欧」に集合！

ごかきみたか／1975年、東京都出身。プロデューサー。代表作にドラマ『サ道』『電影少女』『湯けむりスナイパー』、映画『舟を編む』『ゴッドタン・キス我慢選手権』など。鉄鋼会社㈱ゴカとエンタメ会社㈱maroyakaの代表取締役。

たなかかつき／1966年、大阪府出身。マンガ家、映像作家。日本サウナ・スパ協会が任命する日本でただひとりの「サウナ大使」。仕事のアイデアはほぼサウナ内で思いつく。『サ道』最新シリーズを『モーニング』（講談社）で連載中。

はらだたいぞう／1970年、東京都出身。名倉潤、堀内健とともにお笑いトリオ「ネプチューン」のメンバーとして活動するかたわら、俳優としてもドラマや映画など数多くの作品に出演している。

今回訪れたのは…

サウナ&カプセルホテル北欧

㊟東京都台東区上野7-2-16
☎03-3845-8000
㊖5:00〜23:00
㊕3時間￥2,000ほか
www.saunahokuou.com

『サ道』で原田さん演じるナカタのホームグラウンドとして登場する男性専用サウナの聖地。サウナ室のセッティングも最高で開放感のある外気浴エリアはまるでリゾート地。水風呂の冷たさと食堂のカレーライスを3人は絶賛。レディースデーを定期的に開催中。

昨今のサウナブームを巻き起こすきっかけのひとつとなったドラマ『サ道』。主演した原田泰造さんと、原作者のタナカカツキさん、プロデューサーの五箇公貴さんが集まってサウナ談義。こんな世の中だからこそ、「ととのう」ことは大切、と語り合いました。（『週刊文春WOMAN』2020年秋号掲載の記事を一部改変して再録しています）

25歳のときに新宿のサウナで初のアカスリ体験

五箇　泰造さんは、いつ頃からサウナに通うようになりました？

原田　20歳の頃だったかなあ。単純に大人の世界への憧れですね。最初は。タバコ吸って、お酒飲んで、サウナに入るっていう（笑）。

タナカ　ザ・昭和の男（笑）。

原田　楽しそうに見えたんですよ、サウナに入ってる大人たちが。

五箇　芸人になる前でしたか？

原田　前ですね。それこそ、サウナのテレビで『ボキャブラ天国』を観ながら、「いいなあ、出たいなあ、この番組」って（笑）。

五箇　当時なにされてました？

原田　いろんな仕事をやったりやめたり。フリーターでした（笑）。

タナカ　芸人を志しつつ？

原田　というか、なんでもいいからテレビに出たかったんです。『月刊デ☆ビュー』を買ってはいろいろ応募してました。俳優とか、モデルとか。「とりあえずデビューしたいなあ」って（笑）。

タナカ　いいなあ、「とりあえずデビュー」のザックリ感（笑）。

原田　それで、お笑いをやればテレビに出られるのかなって。友達とコンビを組んでオーディションを受けて事務所に入って。そうしたら同期にケン（堀内健）がいて。そのうち友達がやめちゃったんで、ケンとコンビを組むことになって。

タナカ　話だけ聞いてるとダメなパターンの典型のような（笑）。

原田　ホントですよ（笑）。

五箇　最初はどの辺のサウナに？

原田　実家が東村山なんで、久米川の「菊水」とか、埼玉・所沢のスーパー銭湯とか。あと、「グリーンプラザ新宿」ですね。閉館しましたけど、あそこは強烈でした。

五箇　水商売の人や会社の社長、裏稼業の人が多いことで有名な。

原田　それが楽しいの。いろんな人がいるんだなあって。お金があるときは、アカスリもやるんですけど、それもまた気持ちよくて。

タナカ　え、アカスリは何歳ぐらいで体験したんですか？

原田　25ぐらいだったかなあ。

タナカ　めっちゃ若いじゃないですか！　アカスリの場所だけは、いまだに躊躇しますね。施設の中でもあの空間だけは本当におじさんだから。

20代で足を踏み入れたっていうのは勇気あるなあ。

原田　そうですかねえ？

タナカ　いやだって、アカスリしてくれるのは女性じゃないですか。男、真っ裸ですよ（笑）。

五箇　サウナ王こと太田広さんが言ってたんですけど、あの方も若い頃に「グリーンプラザ」でサウナを覚えたそうで、やっぱりお金がたまるとアカスリをやってたそうです。「自分へのご褒美」で。

原田　そうそう。「今日は給料日だから、アカスリだ！」って（笑）。しかも僕、25のときに、まだ全然売れてないのに、子供ができちゃって。するとケンがね、そのとき一緒に並んでパチンコやってて、「泰造、おめでとう。オレ、なにもできないけど、これ、なにかの足しにして」って1万円をくれたの。で、僕、「あっ、ありがとう」って、そのままパチンコ台に投入しちゃったんですよ（笑）。

タナカ・五箇　ダメじゃん（笑）。

たまたまととのって開眼したんです

五箇　カツキさんは、エッセイやマンガの『サ道』にも

書いてますが、サウナデビューは遅かった。
タナカ　40歳になった頃。もともと銭湯は好きだったんですが、サウナ室は「ない」ことにしてたんですよ。おっさんたちが汗かきながら座ってて、熱くて苦しそうで、泰造さんみたいに、楽しそうとは到底思えなくて。ここはメタボゾンビの墓場なんやなと（笑）。

五箇　恐ろしい部屋だと。
タナカ　あそこに入っちゃうと人生が終わるんやないかと（笑）。
五箇　でも、ある時。
タナカ　そう。たまたま「ととのった」。通ってるスポーツクラブのサウナ室がリニューアルしたというので、なんの気なしに入って。なんだこれは、と。この気持ちいいやつをあのおっさんたちはみんなやっていたのかと。
原田　でも僕、「10分サウナで汗を出したら、水風呂に入って、10分休憩、それを3セット繰り返す」みたいなことは、カツキさんの『サ道』を読んでからですもん。ルールがわかったのは。それまでは、ただ蒸し焼き（笑）。水風呂もあんまり入らず、ましてや、外気浴なんてしてませんでした。
五箇　「休憩」という概念は『サ道』以前は浸透してなかったですよね。僕も価値観変わりました。
タナカ　みなさんそう言ってくれるんですが、入り方が書いてあるポスター、どこの入浴施設にも貼ってあるんですよ。僕、あの通りにやってるだけですから（笑）。
五箇　『サ道』をドラマ化しようとなったとき、改めてサウナのことを調べるうちに、完全にそっちの世界に誘われてしまいまして。僕、「サウナ・スパ健康アドバイザー」資格まで取ってしまいました（笑）。
原田　それはどういう資格なの？
五箇　要は、正しい入り方、お酒を飲んで入らない、食後すぐは控える、水分補給を忘れずにとか、最低限のマナーを伝えるという。

タナカ　僕、その上の「プロフェッショナル」を取りました。
原田　さすがサウナ大使（笑）。
タナカ　しかも、試験の内容が、浴槽の濾過についてとか、浴室に発生する菌とその働き、その駆除の仕方とか（笑）。これ、オレに必要かなあと思いながら勉強して。
五箇　こんな世の中になって、除菌の勉強は役立ちましたね（笑）。

サウナ経営者はアバンギャルド エンタメ度高めです

五箇　僕いま、『文春オンライン』でサウナ経営者を取材する連載をやってるんですが、ユニークな人がすごく多いんです。いい意味で「狂ってる」（笑）。どうしてこんな施設を作っちゃうんだろうという、その入り込み方、サウナへの偏愛がものすごいんです。
原田　『サ道』のロケで行ったところは全部面白かったもん。北海道の「白銀荘」のように大自然に圧倒されるサウナも良かったし、熊本の「湯らっくす」のようなエンタメ度の高い施設も楽しくて。「湯らっくす」の水風呂にあった「ＭＡＤＭＡＸ」ボタン、ヤバかった。押すと滝のように水が落ちてくるという、映画『マッドマックス　怒りのデス・ロード』からのっていうのが衝撃で（笑）。
タナカ　「湯らっくす」の社長さんは、水風呂のことを『グラン・ブルー』と言っていて（笑）。映画のエッセンスがすごく入ってるんですよ。昔は映画監督を志していたそうで、「このサウナ施設は、作品だと思ってるんです」って。だからスタッフ全員、社長を「監督」って呼んでるんですよ（笑）。
原田　じゃあ、お客さんが映画に出演する俳優ってことなんだ！
タナカ　そうそう（笑）。
五箇　もともとサウナって、お風呂屋さんでもなく、サービス業的なところから発生してますよね。
タナカ　結局、「興行」の世界なんですよ。パチンコとかプロレスとかと同じなんですね。
原田　だから男臭いんだ。
五箇　アカスリとかありますしね。

タナカ　あとほら、ロウリュサウナでは「熱波師」と呼ばれる人たちが扇いでくれるけど、「今日は担当○○が行います」なんて言ったら、みんな、ワーッ、パチパチ～って拍手するじゃないですか。

原田　あれ、演劇ですよね。

タナカ　そうです。サウナという演劇の「興行」ですから。

うちの奥さん、僕のサウナめぐりについてきてくれます

五箇　そんな中、女性も楽しめるサウナ施設が増えてきているのも面白くて。両国の「江戸遊」の社長さんって70代の女性なんです。子育ても一段落した48歳からなにか始めようと考えて、サウナが好きなので独学で学んで温浴施設を始めてみた、っていう。

タナカ　女性がサウナをつくるとこうなるという、すごくいい施設ですよね。細かい気配りもあって。

五箇　しかも、社長は日大の芸術学部写真学科卒で、すごくアバンギャルド。「湯らっくす」の監督とも通じるかもしれない（笑）。

原田　行ってみたいなあ。

五箇　女性にもすごくおすすめですけど、泰造さんは夫婦で行ったりしますか？　奥さんも一緒に。

原田　奥さん、全然興味ないんですよ（笑）。だからいつも僕ひとり。地方に行くときは奥さんについてきてもらうんですけど。

タナカ　保護者感覚で（笑）。

原田　突然、富山の「よつやのゆ」っていう、ウォータースライダーがある銭湯に行きたくなったんですよ。サウナが2階にあって、水風呂にビューンと突っ込むっていう。『ナニコレ珍百景』で紹介されて、行きたくてしょうがなくなって、ある日、衝動的に、「今から富山へ行くんだけど、ついてきて」って。奥さん、ぶーたれながらもついてきてくれました。

一同　あはははは（笑）。

原田　あと、静岡の「しきじ」も奥さんと行ったんだけど、『サ道』放送直後だったからなのか、超混んでて入れなくて。「ああ、満員だね」って言って帰りました。

タナカ・五箇　え～っ！

原田　でもね、すっごくうれしい気持ちになって帰ったの。ああ、満員なんだ、よかったなあって。

五箇　じゃあ、泰造さんの奥さんは、「ついてきてくれる」だけ？

原田　だけ（笑）。フィンランドも一緒に行ってくれたんです。地元の人たちが瓦礫を集めて勝手につくったサウナにも一緒に入ってくれて。バルト海が水風呂なんで、僕が入ったら、彼女も嫌々入ってくれて。「なにがいいのかわかんない！」って言いながら（笑）。でも、『サ道』も全部観てくれているんで、僕が気持ちいいんだなってことはよく知ってるんです。

タナカ・五箇　優しいなあ〜。

サウナの常連のじいさんって、肌がつるっつるです

タナカ　特に、サウナ未経験の女性の方々にはぜひ知ってもらいたいんですけど、サウナに入ると自律神経がととのうとか、いろんないい効果が体にあるわけですが、見た目でいちばんわかりやすいのは、やっぱり肌なんですよね。

原田　ものすごく汗をかくし、お水もたくさん飲む。新陳代謝がよくなるんですよね、きっと。

タナカ　つるっつる肌のじじいとか、ウヨウヨいますもん（笑）。

原田　お相撲さんみたいな（笑）。

タナカ　だから、海外ではサウナは圧倒的に女性のものので。日本では、サウナの熱さや水風呂の冷たさが敬遠されがちですけど、本来、女性の方がそういった温度差に強いはず。痛みにも強いし。男なんかよりも全然、「気持ちいい」感覚になれると思うんです。

五箇　クールダウンで「ととのう」ことも、女性の方が感受性が豊かですから、感じやすいだろうし。

タナカ　あとはやっぱり、こういう世の中ですから、家にこもることも多くなって、汗をかかなくなってるでしょ。ヤバいな〜というのはみんな感じてることで。そういうときこそ、サウナで汗をかいて代謝を上げれば、気分も変わるし前向きになれると思うんです。

「ととのう」は「整う」「調う」そして「斉う」こと

原田　そういえば、「ととのう」は、どこからきた言葉ですか？

タナカ　いい言葉ですよね。僕も最初に聞いたときは、言い得てるな〜と思いましたから。

原田　え、カツキさんが発信した言葉ではないんですか？

タナカ　違うんです。もともとは北海道の「白銀荘」。その地域の人々は、サウナをやって気持ち良くなることを、「ととのった」と昔から言っていたらしいんです。

原田　へ〜！　知らなかった！

タナカ　小さい頃から「白銀荘」のサウナに通っていたという、サウナ業界で「師匠」と呼ばれているおじさんがいるんですが、彼から聞いたのが僕は最初でした。

原田　じゃあ、「ととのった」が一般的になったのはいつから？

タナカ　「ととのった」を印刷にしたのは13年に出した僕のマンガから。『サ道』は11年に出したエッセイが最初だったんですが、そこでは「恍惚」とか「ニルヴァーナ」とか「サウナトランス」とか、そういう言葉で表現していて。マンガでは、「ととのった」

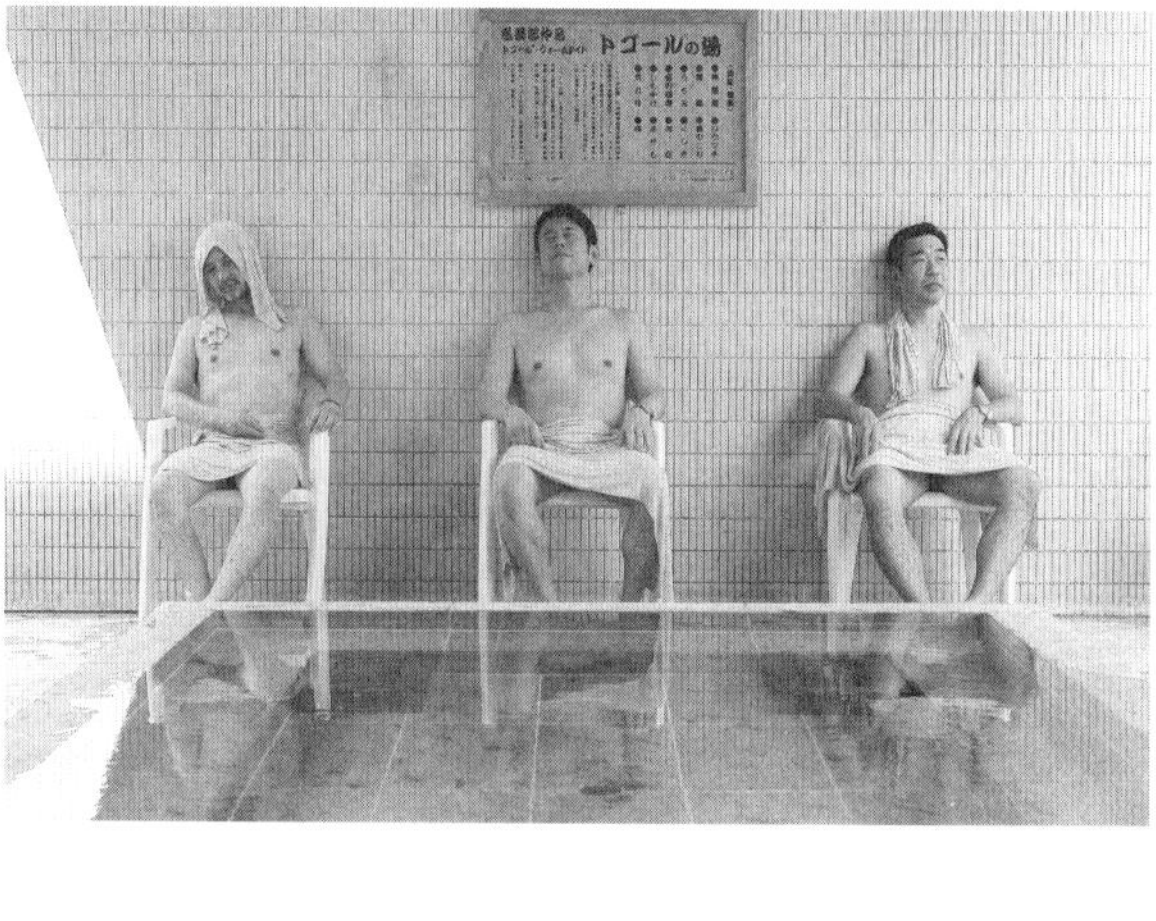

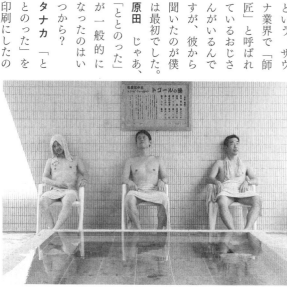

がしっくりくるなと変えたんです。

五箇　言葉にプラスのイメージがあるのがいいですよね。クラクラするような脳内麻薬的なものではなく、体に対して健康的な語感で。

タナカ　それで、「ととのう」は平仮名表記にしたんですが、北海道「白銀荘」出身のプロサウナー濡れ頭巾ちゃんと相談して決めたんです。「整う」や「調う」の意味もあるけれど、やっぱり平仮名じゃない？って。

原田　へえーっ！

タナカ　あと、「ととのう」にはもうひとつ漢字があって。仏教用語の「斉う」。薪を3つ合わせて燃やす形からきているらしくて。

原田　へえーっ！

タナカ　サウナっぽいでしょ。

五箇　昔、徳の高いお坊さんにはサウナを、蒸し風呂やお湯を提供するのが御布施だったそうですね。

タナカ　そう。御布施の最上級はお坊さんをサウナに入れること。

原田　え、日本で？

タナカ　「温室経《うんしつきょう》」というお経に書かれているんです。「いいお坊さんになるにはサウナに入れ」と。

原田　そんなお経があるんだ！

タナカ　実は、ブッダが悟ったのも沐浴後。木の根本に座って悟りを得たらしいんです。

原田　外気浴してるときに！

五箇　ととのってしまった（笑）。

タナカ　だから、日本人の入浴習慣も温室経からきていて。7つの道具を持ってサウナに入れば、7つの病を取り除くことができ、7つの徳を得ると。つまり、サウナに入れば代謝が上がって風邪を引きにくくなるし、血流が良くなって目が見えるようになるよとか、そういうことなんです。で、7つ道具というのは、いまでいえば、石鹼、歯ブラシ、浴衣とかのこと。

五箇　バッグに入ってるやつだ！

原田　ホントだ！　入浴セットの中身だ（笑）。「ととのう」は、昔からの知恵だったんですねえ。

シングルマザーが作った
ロシア式サウナが
サイコー!

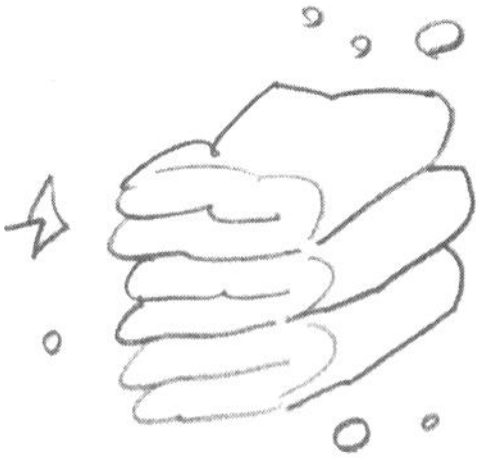

イズバ

（福岡県宗像市）

九州のサウナーとオーナーの執念で甦った〝バーニャ〟

玄界灘を一望する福岡県宗像市に「イズバ」はある。本格的ロシア式サウナ、バーニャを体感し、ロシア料理を楽しめる施設としてサウナーの間では以前から人気だった。しかし、2018年11月10日、火災により施設が全焼。その後、ロシア人オーナーのアルビナ・マキナさんと、九州のサウナー有志によるクラウドファンディングで復活の狼煙《のろし》が上がり、21年、3年の歳月を経てロシア料理を楽しめるバーニャ付きレストランとして営業が再開した。

そして僕は、福岡県のJR赤間駅にいた。ぷりかさん主催の「大人の遠足」に誘われやってきたのだ。ぷりかさんとは以前も紹介した（P．9）サウナーの間で人気の『九州サウナ放浪記』を執筆しているブロガーで、今回の遠足は、再開した「イズバ」まで約10㎞の道のりを歩く、というものだった。それにしても久しぶりの九州往訪。やはり九州は気持ちが落ち着く。

約10人、サウナ好きが集まった。いい大人が連れ立ってゾロゾロと歩くのは端から見れば珍妙な絵面だが、そのメンバー全員がほぼ初対面というのもまた

かわいい手作りの看板。

オーナーのアルビナ。

内装も装飾もすべて手作り。

珍妙。ただ、お互いのことをよく知らずとも昔からの知己のように盛り上がれてしまうのがサウナのすごさ。この面白さを説明するためによくするのが、キリスト教の譬《たと》えだ。タナカカツキさんが『サ道』という聖書を記し、サウナ→水風呂→外気浴という「道」を説いたとするなら、それに影響を受けた我々や、TTNE（注：「ととのえ親方」こと松尾大さんと「サウナ師匠」こと秋山大輔さんが立ち上げたサウナブランド）、そしてさまざまなサウナ関連インフルエンサーたちがそれを世の中に布教していったのだ。宗派は微妙に違えど信奉している「道」は一緒なので、初対面でもサウナの話をしていれば距離が縮まる。よく「サウナブームの火つけ役ですね」と言われることがある。確かに火はつけた側面はあるかもしれないが、個人的にいちばんの功労者はサウナ紹介サイト『サウナイキタイ』だと思う。いわゆる口コミサイト的なものではあるが、人から人へと伝播することでカツキさんの『サ道』を広めた「福音書」の役割を果たしていると思うからだ。

この遠足では、3Dプリンターでサウナ室のミニチュアを作っているギムレットさんなど、さまざまなサウナーと知り合うことができた。中でも強烈だったのが、ぷりかさんと、WEBマガジン『九州とサウナ』の高橋佑二郎さんから紹介された人物。彼は初対面の僕の前でいきなりドラマ『サ道』のシーンの数々を、落語家よろしくひとり何役もこなしながら再現し始めた。その記

宗像の自然に囲まれた立地。

ストーブもすべてロシア製。

味のあるドアの細工。

憶力とテンションの高さに完全に面食らったが、彼の名は「ジャグサウナー」。田川郡赤村にある温泉施設「源じいの森」と豊前《ぶぜん》市にある「畑冷泉館」を主戦場にする名物サウナーだ。施設にチェックインするときは「ライドオン」、お礼を言うときは「熱く温冷申し上げます」という独自のフレーズで九州サウナSNS界隈を常にザワつかせている男だ。ちなみにジャグさんはBS朝日のサウナ番組『サウナを愛でたい』に出演を果たし、全国にその生態が露見してしまった。どこかで会うことがあれば天然記念物のように優しくそっと見守ってあげてほしい。ところで、遠足の道すがら、ドラマ『サ道』の音楽担当であり、サウナミュージックの第一人者、音楽家のとくさしけんご氏とバッタリ出くわした。実はとくさしさんの奥さんの実家がこの近くで、「妻の帰省で完全に手持ち無沙汰になったから博多の『ウェルビー』に向かう途中」という完璧な理由で赤間駅に向かう途中だったのだ。サウナの神が降りてきたとしか思えない、偶然の再会に驚嘆しつつ、「ではまたどこかのサウナで」とお互いに良きサウナタイムを願い別れを告げた。本当に不思議なこともあるものだ。

のどかな田舎道をひたすら歩くこと90分。「イズバ」に到着。火災という悲劇から恐るべきバイタリティで見事な復活を遂げたオーナー、アルビナさんの「波乱万蒸」すぎる人生の話を聞いた後、アテられたままバーニャへ「ライドオン」。中央には大きな薪ストーブが鎮座し、体を優しい温かさが包み込む。

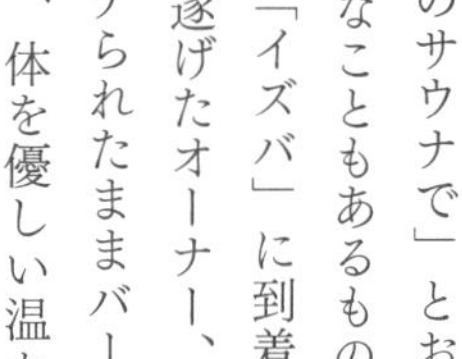
ロシア料理が楽しめる食堂。

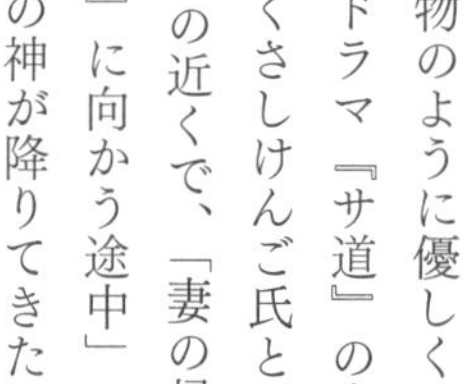
外気浴は玄界灘の風を感じる。

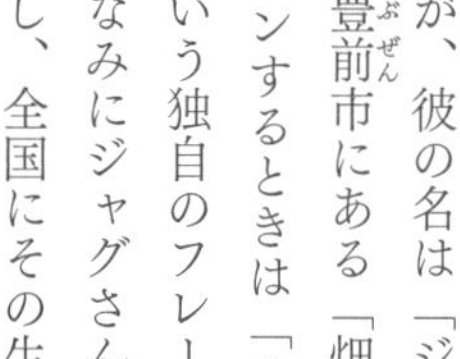
宗像の栄養豊富な地下水は柔らかく体を包む。

時折ヴィヒタで体を叩くと葉の香りとともに血行が促進していく感じが心地よい。しかも、バーニャは薪を熱源としているので、ログハウス内ではじっくりと時間をかけて蒸されることができる。

広いサ室の最上段に座っていると、ジャグさんによる「ひとり舞台『サ道』」の続きが再開された。終演後、地下水を引いた水風呂に入り、玄界灘からの風を感じながら外気浴。そしてログハウスのダイニングで薫り高いロシアンティーやロシアの水餃子「ペリメニ」を食し、再び外のデッキチェアーでまどろむ。これぞ至福の時間。日々のいろんな出来事が、宗像の澄んだ空の彼方へ消えていく。同時にジャグさんの熱演も消えてしまった。ゴメン、ジャグさん。

サウナ後のティータイム。

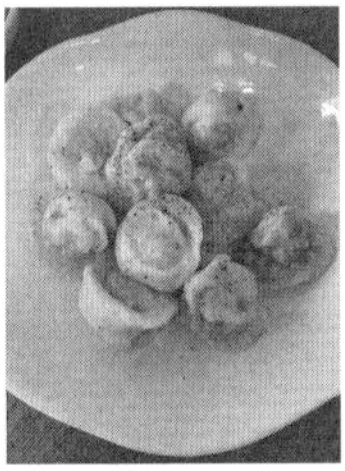
ロシアの水餃子的な感じ。

サウナに併設している休憩スペース。

サイコー〝バーニャ〟経営者の裏歴書
アルビナ・マキナの場合

1995年、25歳のときに娘と2人で福岡県宗像市に来ました。当時はロシアと日本の商品を輸出入する貿易の商売をやっていまして、それ以前から、日本には何度か来ていたんです。門司《もじ》と博多にロシアの船が入港するんですが、宗像は両方の港から1時間程度のちょうど中間に位置していて、なにかと都合が良かったんです。

ロシアではハバロフスクという大きな街に長く住んでいました。ロシア人って郊外にかわいい別荘を所有して、夏は小さな畑で農作物を育て楽しんだりする人が多いんです。そんな感じで宗像は田舎で自然が多いし海もきれいで、落ち着くなって。そして、定住するようになりました。

苦学しながらシングルマザー生活

90年代は、ロシアはペレストロイカ（注：80年代後半からソビエト連邦で進められた政治体制の改革運動。当時書記長だったゴルバチョフによって進められ、その後、ソ連は崩壊した）の後で、経済が結構厳しかったんです。娘を抱えたシングルマザーですから、儲かる仕事をしなくちゃいけない。いろんな商売を考えた結果、友人が貿易の仕事をやっていて羽振りが良かったので、私もやってみようかと。それで、日本にいる知り合いをツテに、ビザを取得して来日しました。

バイクから電化製品までなんでも手がけました。いちばんよく売れたのは、日本の中古バイク。あとは、マリンジェット、船外機、ボート。当時は日本の中古車がロシアへ1日2000台売れて、

ウラジオストックからシベリアまで、ロシア国内を走る車はほぼ日本車。日本製であればなんでも売れるほど、貿易に関しては景気が良かったんです。

とはいえ、言葉を覚えるのは大変でした。ずっと働きながら生活していたので、日本語学校などで勉強する時間がなく、生活しながら少しずつ覚えていきました。最初は、買い物に行ってもなにが欲しいか伝えられずすごく困って（笑）。せっかく話しかけてくれてるのに、返せないもどかしさも経験しました。いまだったらスマホで簡単に翻訳できるけど、昔はそんなのなかった。スーパーに行くにもどこに行くにも、子供の手を引きながら露日・日露、両方の辞書を2つ持ち歩くので、いつも大きな重たいバッグを持ってました。

その頃、娘は10歳。周りからは「大変だったね」とよく言われるんですが、私、なにが起こっても大変だと思わない性格なんです。ほかの人ができるのなら、私にもできるはず、同じ人間だし、って。「やりたいならやる。でも絶対に無理はしない」が私の考え方だしやり方。とにかくすべてを楽しんでました。

永住権を獲得し
ログハウス販売のイズバを開業

貿易は10年続けましたが、少しずつ下降線をたどっていって。これからは確実に仕事がなくなりそうだなと予測できたんです。そこで、娘もいますし、日本で永住権を得て、国内で事業を始めようと思いました。

いま、「イズバ」がある土地を見つけたのが13年前。もともと私の父が建築家で、ハバロフスクの県の高官だった影響もあり、私も建築が大好きでした。最初はログハウスを作る建築会社として「イズバ」を立ち上げました。イズバはロシア語

で丸太小屋という意味。いまもログハウス販売をしているんです。ただ、毎日売れるものじゃないし、ログハウスだけだと生計を立てるのは厳しい。なので、ログハウスの材料を使い、バーニャの販売も始めました。バーニャはロシア伝統のサウナのことです（注：サウナという言葉はフィンランド発祥）。実は、この敷地内に作ったバーニャは、私もペンキを塗ったり釘を打ったりしているんです。自分で作れば、どうしてこういう立てつけになっているのか、ここはもっとこうなっていた方がいいとか、細部までわかるでしょ？　そして、自分で少しずつ、時間をかけて心を込めて作れば、その気持ちはこの壁や柱に宿るんです。

そして、ロシア料理を提供してバーニャ体験をしてもらうサービスも始めていきました。日本で暮らす中で、ロシア文化を日本人にもっと知ってほしいという想いが強くなってきたということもありました。娘の同級生たちが、ロシアがどこにあるのかわからなかった、ということもあったんです。だから、ロシアのことを正しく理解してもらうためになにかやりたいという想いでここを始めて。少しずつお客さんが増えていきました。

生きるときも死ぬときも ロシア人にはバーニャが必要

ロシア人の歴史はバーニャとともにあると言っても過言ではありません。神聖なものであり、生活においても大事な必需品。病院がなかった時代、子供を産む場所は、火と水があるバーニャでしたし、結婚式の前には必ずバーニャへ入ります。病気になったら薬草を体にすり込み治療をする場所であり、死後は最後にバーニャで体を洗ってきれいにする。いまも風邪気味のときはバーニャに入って治します。一軒家の人は小さくても家にバーニャを作り、週に1～2回入るんです。うち

は都会暮らしだったので、父と一緒に毎週土曜日、ヴィヒタを脇に挟み、日本の銭湯のような感じでパブリックのバーニャに行ってました。友達とも行きましたね。マイヴィヒタ持参で。あと、田舎のおばあちゃんの家にも小さなログハウスのバーニャがあって。すごく小さくて暗くてね。とても良い思い出です。

ロシアでの最新のバーニャ体験

ロシアには本当に面白いバーニャがたくさんあって。食事はもちろん、マッサージ、スクラブ、あとウィスキングなど体験サービスが充実しています。今年（2021年）、1カ月ほどロシアに滞在したとき、ロシアにあるバーニャをいろいろと体験してきました。パブリック、プライベートを問わずいろんなバーニャを回りました。

シベリアのノヴォシビルスクの森の中には、「私たちのバーニャ」という意味の「ナシャバーニャ」という貸し切りにできるログハウスがあって。そこではお客さんひとりにセラピストが専属でつくんです。その方がものすごくバーニャに詳しく、ウィスキングも上手で、「これぞバーニャ！」って感じたんです。2時間、ずっと私についていてくれたのですが、ロシアは寒くて、私は風邪気味だった。そうしたら、ウィスキングをしながら、私の体調に合わせ的確にアドバイスしてくれたんです。体調にマッチする食べ物を教えてくれたり、バーニャの入り方も、初めはこのやり方、2回目はこのやり方、3回目はこのやり方、入った後も、ザブンと水に浸かるような急激なクールダウンはNGだから最初は手でゆっくり水を触り、水の冷たさを感じたら、体がびっくりしないよう、次に足、それから体と徐々に水をかけていく、と方法を細かく教えてくれて。その後、おいしい蜂蜜と温かい紅茶をバーニャの中でいた

だきました。とってもリラックスできました。

イズバは私の心

2018年、火災で施設が全部燃えたんです。あの時は大変でした。本当にたくさんの思い出が詰まっていたので、ショックが大きく、火事の後の片づけは、肉体的にも精神的にもつらいものでした。巨大な灰の山を前に、スコップを持って片づけるんです。3カ月間毎日、来る日も来る日も。友達も手伝いに来てくれたので、それはすごく助かりましたね。

火災直後は茫然自失。どうしたらいいか自分でもわかりませんでした。でも、必死に片づけながら思ったんです。「幸運なことに、私は生きてるんだなあ」って。それで、まず決めたのは、火事のことは一切、なにも思い出さないこと。思い出したらキリがない。ああすれば良かった、こうすれば良かったと思い、苦しくなるし涙が止まらなくなる。いちばん残念だったのは子供が小さい頃の写真が全部焼けちゃったこと。でも絶対思い出さないように、前に進みました。前だけを見ながら、新しく良いものを作る。だから周りにいるスタッフにも、「私についてくる気があるのなら、絶対に火事のことは話さないで」ってお願いしたんです。「いまは復活できるように、新しい思い出だけを作っていこう」って。過去を思い出すようなことは「絶対言わないで！」ってことあるごとに怒ってました（笑）。だって建物は燃えたけど、イズバは燃えてないの。イズバは私だから。でしょ？　もともと考えたのも作ったのも私なんだもの。私が元気ってことは、イズバも元気ってこと。もう1回、もっと良いものを作るために、ただやり直すだけ。常に前を向き、笑いながら少しずつ頑張っていくだけだって。私、いつもなにかしていないと生きていけない性分なのね（笑）。

実は火事の翌日、印象的な出来事があったんです。11月10日に火事になったんだけど、明けて11日、まだ煙がくすぶる灰の山の前で、私は消防の現場検証に立ち会っていました。そこに1通の郵便が届いたんです。なにかなと思って封を開けると、奇しくもそれは「サウナシュラン」の第11位の表彰状でした。表彰していただいた施設はもう目の前には存在しない。うれしさと悔しさといろんな感情がこみ上げてきて、私はそれを手にしばらく呆然と目の前の状況を見ていました。そうしたら、段々と「なにくそ！」という気持ちが湧いてきたんです。今回は11位だったけど、次は全国で3本の指に入る施設になってやろうじゃないかって。サウナシュランで表彰されたことはとても励みになりましたし、本当にうれしかった。感謝しています。

ロシア文化を広める施設を作りたい

クラウドファンディングにはすごく助けられました。あれがなかったら再開までにもっと時間がかかったと思うんです。ですから、協力していただいたみなさんには本当に感謝しています。

そして、心機一転、新しい場所に移転しました。前よりもお客さんにわかりやすい場所で、土地も駐車場も広いところを探して。いまは、自分の夢を実現させるために好きなことだけをやっていこうと考えていて。そのためには決して無理をしないっていうことが私のモットー。私たちは、仕事のために生きてるんじゃなく、生きるために仕事をする、そうでしょ？　だから私、基本的に好きなことしかしない。もしあなたが仕事をしていて、嫌だなって思うことがあったら、そんな仕事は辞めた方がいい。そんなの意味がないもの。誰のた

めにその仕事してるの？　いま生きている自分のためでしょ。

いまの夢はロシアの文化を広める施設を作ること。この先10年、いや、もっとかかるかもしれないけれど、少しずつ、ゆっくりでいいから実現させたいなって。日本に来て四半世紀以上、いろいろなことがありました。貿易から始まって、イズバを始めて火事になって、また復活して。娘も孫もいるから、日本はもう自分の家。でも、ロシアも大好きだから、ロシアの文化を、もっともっと日本に広めていきたいと思っているんです。だから小さくてもいいから、ロシア村を作るのが夢。私が生活できる範囲でゆっくり作っていこうかなって。コロナが落ち着いたら、ロシアからいろんな人を呼んだり、あれをしたい、これをしたいって、アイデアで頭がいっぱいなんです。

イズバ

㊟福岡県宗像市上八2011-4
☎0940-62-1330
㊇要問合せ　㊡要問合せ
㊖要問合せ
食事処あり(一時休業中)
https://izba-village.com

物販もほかにはないテイスト。

元プロレスラーの熱波が

サイコー！

ファンタジーサウナ＆スパ おふろの国

（神奈川県横浜市）

カリスマ熱波師の濃ゆい熱波と濃ゆい人生

僕は自分自身がサウナそのものだなとよく思うんです、と彼は言った。

２０１９年12月28日。僕はひと仕事終えたサンタクロースと一緒に、ドラマ『サ道』の年末特番を観ていた。紅白の衣装を身にまとったそのサンタが届けるのはおもちゃではなく、熱い風。住んでいるのもフィンランドではなく、国道1号線沿いの「おふろの国」。そんな一風変わった男の名前は井上勝正。横浜市鶴見区の「ファンタジーサウナ&スパ　おふろの国」の従業員であり、「魂の格闘技」を標榜する熱波師集団「熱波道」を率いる熱波師である。元プロレスラーという異色の経歴を持ち、彼の生き様や考え方に惹かれ、熱波を受けに来る客は後を絶たない。いまやほかの施設にも呼ばれるほどのカリスマにまで上り詰めた。

熱波師とは、サウナヒーターの上にあるサウナストーンに水を注入し、水蒸気を発生させ（ロウリュ）、その熱をタオル1枚でサウナ室全体にムラなく行き渡らせ、客のひとりひとりにまんべんなく熱波を送る技術者のことで、巧みな話術や美しいタオルさばきでも愉しませてくれる。ドイツではアウフギー

熱波サンタ。

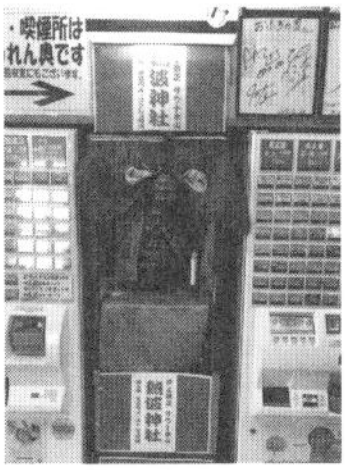

チケット売り場の横には〝熱波神社〟。

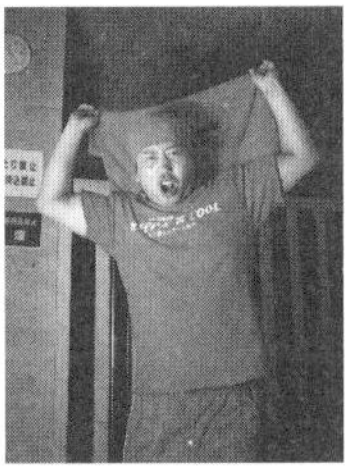

熱波師・井上勝正。「パネッパー！」が決め台詞。

サーと呼ぶ（詳細はスカイスパの回P．83を参照）。近年のサウナには欠かすことのできない存在だが、10年前にはロウリュや熱波という言葉は一般に定着していなかった。ゆえに当初は、客には不評でまったく受け入れられなかった施設も少なくないという。そこで、サウナについての知識を身につけようと独学、自分なりのスタイル「熱波道」を確立したのが井上である。

彼とは年末特番『サ道　２０１９年末ＳＰ～北の聖地でととのう～』の撮影で出会った。ドラマ自体の撮影ではなく、ドラマの合間に流れるインフォマーシャル（ＣＭの一種）の撮影だった。スポンサーはヤマハ発動機。ＰＲ担当者がサウナ好きということで、特番をスポンサードするだけでなく、僕らにインフォマも作らせてくれたのだ。その内容は「熱波ベンジャーズ」。アベンジャーズよろしく熱波師のヒーロー軍団が年末の除夜の鐘と同じ１０８の熱波を送り、その合間にＹＡＭＡＨＡのバイク・トリシティの映像を挟み込むというものだった。僕はすぐに彼の人懐っこい笑顔とタレント性に心奪われ、この人の話を聞きたいと思った。もともと僕は、ミッキー・ロークが落ちぶれたレスラーの生き様を演じた映画『レスラー』が大好きで、僕の脳内で彼とミッキー・ロークがバチンと重なったのだ。この人には絶対なにかがある。

しかし、彼の半生は思っていた以上に壮絶だった。大河ドラマ並みに濃い内容に打ち震え、昼から始まった取材がまったく終わらず、その日彼は巣鴨のサ

館内のいたるところに「井上勝正 熱波道」の文字が！

特番で結成された「熱波ベンジャーズ」。井上はトニー・スターク、万平はロケットといったところか。

飲料メーカーとのタイアップポスターも斬新すぎる。

ウナ「サンフラワー」で出張熱波があるとのことで、僕はそこまで追いかけ、さらには巣鴨の居酒屋「加賀屋」でも話を聞いた。結果、話だけでも5〜6時間は聞いたと思う。

熱くて濃ゆい取材を通し僕と彼は仲良くなり、僕は「おふろの国」が主催する「熱波師検定」を受け、彼が「サンフラワー」で出張熱波をするときは、最終時間に出向き、その後は一緒に「加賀屋」でやきとんを食い、サウナの話からマーベル映画、マニアックな海外ドラマの話までいろんな話をしながらホッピーを飲んだ。要するに趣味が似ていて気が合ったのである。

彼のロウリュは独特で、まずはサウナ漫談から入るのだが、それがやたらと長い。そして漫談の長さとサウナ室の熱さに耐えられなくなった頃にやっとロウリュが始まる。しかも「ギャラクシアンエクスプロージョン！」という不思議な呪文とともにカンカンに熱せられた石に水をかける儀式をしたのち、おもむろにタオルを振り出すのだ。普通のロウリュサービスなら時間的にはもうすでに外気浴中のはずだ。しかし僕はいつも思う。この「おふろの国」のクオリティ、最高で個性的すぎる！と。

「おふろの国」には、男性風呂には遠赤外線の高温サウナとロウリュサウナの2種類、女性風呂には遠赤外線の高温サウナとアロマテラピーサウナ、塩サウナの3種類がある。熱波師による「サウナ熱波道」が受けられるのは87〜97℃

浴室内にも「熱波道」ののぼり。「サウナは興行だ！」と言わんばかり。

第三回日本サウナ大賞いただきました。

熱波遠征先「巣鴨 サウナ&カプセルホテル サンフラワー」に輝くベルト。

に設定されている高温サウナだ。彼のほかにも、ムード歌謡歌手兼指圧師の大西一郎、おふろアイドルＯＦＲ48などなど、カオス、いや多様性を象徴するキャラクターぞろい。そしてそれを束ねる団長が支配人の林和俊。このプロレス人脈とそのアングラエンタメ感は、もともとプロレスファンだった林さんが「おふろの国」にプロレスラーたちを呼び、駐車場で興行をやったりサウナ大賞を開催したり、おふろアイドル集団をプロデュースしたり、そういったイベントを開催していたことに端を発する。プロレスを引退し体がボロボロになった彼を雇用し、熱波師になることを勧めたのも林さんだった。

ということで、今回は元レスラーのカリスマ熱波師、井上勝正の波乱万蒸すぎる人生の話である。

「おふろの国」では数々のイベントを精力的に行っている。

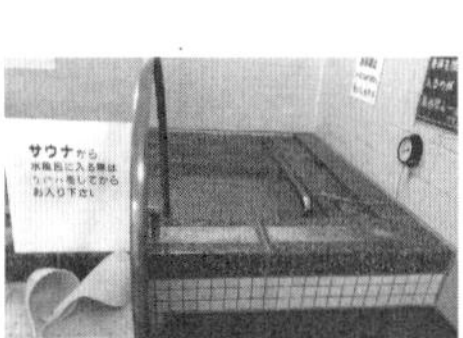

広くて冷たい水風呂。

サウナ室は2室。オーソドックスなサウナ室と思いきや……。

サイコー〝元レスラー熱波師〟の裏歴書
井上勝正《いのうえかつまさ》の場合

生まれは大阪の生野区。うちは貧乏で、内風呂がなく毎晩お風呂屋さんに行っていました。当時は町内に10軒以上銭湯がある時代。僕が10代の頃には、一斉に銭湯がリニューアルを始めて、サウナが付いたんです。最初に入ったときは、ヤクザがわーっと座ってて。「お前らサウナで静かにせえよ」「しゃべるな」とかいろいろ教えてもらったんです。あるとき、ヤクザの親分が「最初に出たやつ10万な」って言い出して。いま考えれば冗談だとわかるんですが、当時はとにかく頑張って長く入りました（笑）。で、ようやくサウナから出られることになり、そのまま上がろうとしたら、親分に「おぉ待て待て」って止められたんです。「サウナから出たら水風呂や。入れ」。すると親分は水風呂にザブッと首まで浸かり、上がると椅子に座ってボサーッとしているわけですよ。僕もとりあえず、見よう見まねで同じようにしてみたら、「あ、なんか気持ちいいな」って。

それが僕の水風呂初体験でした。それから風呂に行くたびに親分に会うようになり、ある日、腕に彫ってある女の人の名前をじーっと見てたら、「これ、死んだ女房なんだよ」って。ほかにも変わった人がいましたよ。『うる星やつら』のラムちゃんを彫ってるおじさんとか（笑）。

学校ではいじめられ
家では父親に殴られて

小学校4年ぐらいからすごいいじめに遭うようになって。子供同士の集団って自分たちとちょっ

と違うやつをはじこうとするじゃないですか。それがもう、毎日毎日。嫌で仕方がなかった。中学へ行ってもまたいじめ。先生も庇ってくれず、挙句の果てに「落ちこぼれはいちばんいらない」ってはっきり言われました。不良はなんだかんだ構ってもらえるんですよ。でも僕みたいに勉強ができない「落ちこぼれのいじめられっ子」がいちばん面倒くさかったんでしょうね。そのうち学校へ行かなくなっちゃったんです。

　とはいえ、家に居ることもできなかった。家業は印刷業だったんですが、バブルの頃からどんどん中国に仕事を取られるようになって、生活もどんどん苦しくなった。それにつれて、親父もあんまり仕事をしなくなり、毎晩飲むようになったんです。で、飲んで帰ってくると説教をされる。学校に行けと殴られ、引きずり回され。それでも僕は頑として学校へ行きませんでした。そんなある日、なにかのきっかけで僕が家で騒いだんです。そうしたら親父が僕の首を手でグッと絞めるように持ったんです。無表情で。そのままずっと僕を見てるから、僕もなにも言わずにずっと親父の顔を見て。すごく長い時間に思えましたけど、ほんの数十秒の出来事だったのかもしれない。しばらくしてパッと手を離すとなにも言わずに行っちゃったんです。いまでも鮮明に覚えてます。ああいうときって声も出ないんです。

　ただ、そんな親父ですけど、ちゃんと大学を出て教員免許も持ってるんです。でも、おじいちゃんが始めた家業を継がなきゃいけなかった。自分の人生はこんなはずじゃなかったと、やりきれない思いがどこかにあったのかもしれないなって。

『北斗の拳』で格闘技に目覚め　なりゆきでプロレスラーに

家でも学校でもボコボコにされるんで、現実か

ら逃避するために漫画に夢中になりました。当時、大阪に日本初の海外SF映画、特撮、アニメ関連グッズの専門店「ゼネラルプロダクツ」っていう店ができて、そこに行くのが唯一の楽しみになったんです。それと『北斗の拳』。最初は単純に面白くて見ていたんですが、だんだんケンシロウに憧れるようになっていき、「自分も体を鍛えよう」と考えるようになったんです。たまたま家の近くに「大池橋トレーニングセンター」というジムがあって、毎日通うようになりました。家業を手伝いながら。高校はほとんど行きませんでした。

親父は飲んでばかりでなにもしないんです。飲酒運転で免許を失って。代わりに僕が得意先まで30kgの荷物を積んで自転車で配達したりして。しかも1日に1回じゃなく何回も。おかげで足の筋肉は自然に鍛えられましたけどね（笑）。

しばらくずっと、家業を手伝いながら、それ以外はすべてトレーニングに費やす日々。で、21歳のとき、パワーリフティングの新人戦で準優勝したんです。22歳のときにはボディービルでも大阪のバンタム級で3位。もしかしたら自分もケンシロウみたいになれるんかなって思うようになったんです。格闘技をやってみたいなって。

そのうち、大阪の天神橋筋六丁目の近くに「龍生塾」の支店ができまして。総合格闘技を教えてくれるらしいということで行ってみたら、シュートボクシングと空手がメインだったんです。「総合格闘技って聞いたんですけど」って聞いたら「たまにやるよ」って。それでとりあえずそこに入って。岩下伸樹（注：シュートボクサー。元SB世界ヘビー級王者）さんが先輩だったんですが、岩下さんと練習をすると毎回マットに血がべったり。バカスカ殴られるわ蹴られるわ（笑）。相当鍛えられました。僕のいままでの人生、殴られっぱなしだったんで、それを挽回するように一心不乱に取り組むようになりました。

それからしばらくして、龍生塾が「プロレスの興行で試合をやりたい」と言い出した。僕、中島らもの『クマと闘ったヒト』っていうエッセイにも登場する「ミスター・ヒト」っていう伝説のレスラー・安達勝治さんがやってたお好み焼き屋さんによく通ってたんです。安達さんが「金ないんなら食わしたるから来い」って言ってくれてたんで。それで、安達さんをジムに紹介して。安達さんからたどり着いたのが大日本プロレスでした。

するると、ある日突然「今度大阪大会やるから」とジムに言われ、対戦カードに僕の名前が入ってたんです。しかも大阪大会といっても会場は空き地、相手はプロレスラー。「さすがにプロレスは経験がないからできない」って断ったんですが、「いや、プロレスじゃないですよ。キックボクシングの試合をプロレスの興行の中でやるんです」と。それがきっかけで、気づけばそのままプロレスの世界へ（笑）。何度かプロレスの興行に出るうちに、大日本プロレスが「うちに来ませんか」と誘ってくれたんです。そして大阪から横浜へ引っ越すことになりました。30歳のときでした。

父の自殺と借金、体は満身創痍　もうプロレスは続けられない

その頃僕の実家では、親父の酒量がどんどん増え、どんどん借金は膨らむばかり。当然、闇金にも手を出してる状態で、朝から晩までヤクザが何度も取り立てに来る。でも、そんな状況でも親父は飲みに行ってしまうんです。普通は妻が夫に「いい加減にしたら？」とか怒ったりするんでしょうけど、うちのおかんはとにかく優しい。「しんどいねんから休んだらいいやんね」って。そんな母親を見てたら、優しさでも人は殺せるなって。

弁護士に相談して、どうにもならなくなった家業を整理することにしたんです。数百万の借金は

僕が返済します、プロレスのギャラで払いますと。何年もかかって全部返し終わった日には、ひとりパブで乾杯しましたよ。ようやく終わった！　と。で、しばらくほっとしてたら、おかんが「話がある」と。家に帰ったら、実はもっと借金があることを隠していたんです。相当な額を闇金から借りていて。正直、父親の会社の借金以外はまったく知らなかった。さすがに頭が回らなくなって「ちょっと考えられない、寝る」と言って、僕はふて寝したんです。しばらくすると、仕事場の方から動物みたいなものすごい声が聞こえてきたんです。母親の泣き叫ぶ声でした。その瞬間、僕はなにが起こっているのか、大体わかってしまったんです。もうずっと永遠に時間がこのまま止まってほしい。頼むからこのままずっと寝させてくれと。仕事場で父親が首を吊っていたんです。

僕は自分のやってることをやめようと思ったことは一度もなかったんですが、全部やめようと思いました。家族を少しでも幸せにしたくて一生懸命にプロレスをやってきたのに、自分は失敗してしまった。それで、親父のことを会社に電話で伝え、「プロレスはもう辞めます」と。すると、登坂栄児社長（当時は統括部長）が嗚咽しながら「井上さんがプロレスできなくなるようなことは絶対にさせない」と言ってくれたんです。ほかにもいろんな人から電話をいただいて。みなさんに励まされ、その後、しばらくは続けました。でもやっぱり、父の死は精神的につらかった。しかも、身体的にも続けることができない状態だった。もともと靭帯も断裂しているし、試合中に踏み込みが遅れてしまう。改めて全身を診てもらったら、右目視神経症という難治性の病気が発覚したんです。右半分がほとんど見えていないと。ああ、これはもう廃業だなと。「引退」という言葉を使わなかったのは、その後も業界に残って後進の教育ができる人だけが使える言葉だと思ってるからなんです。

傷だらけの心と体を サウナが救ってくれた

「おふろの国」の林和俊店長がプロレス好きで。以前から大日本のレスラーたちをイベントで使ってくれていたんですが、僕の事情を知った林さんが登坂社長と話してくれて、「よかったらうちの会社に来ませんか」と誘ってくれたんです。

最初の仕事は閉店後の清掃で、毎日深夜1時半から作業を始めて朝9時までびっちり。精神的にも肉体的にもしんどくて、体重が30kg以上落ちました。そして、清掃だけだと収入的にもちょっと厳しいという話を林さんにしたら、「サウナで『熱波』というのがあるんで、やってみませんか？たまにやってもらったらいいんで」と言われて。そこが最初でした。ただ、最初は月に1回程度で、生活の足しにはまったくならず（笑）。林さんは熱波師が話題になるはずだと最初から考えていたみたいなんですが、僕自身はまったくピンときてなかったし、そもそもロウリュをちゃんと理解できていなかった。熱された石にアロマ水をかけて、とりあえず扇いでただけなんで。お客さんに「そんなのいらない」と言われたり、タオルを投げつけられたことも数え切れないほどありましたし。それでも地道にやり続けていたら、少しずつ喜んでくれる人が出てきたんです。なにより、やっている僕自身が心も体もどんどん健康になっていることに気づいたんです。

毎日サウナに入るじゃないですか。仕事でロウリュするし、仕事が終わった後も入る。体に熱を入れて水風呂でクールダウンさせ血流が良くなって、ということを繰り返すことで、だんだんと体中の痛みがやわらいでいくのがわかったんです。睡眠の質も断然良くなった。「あれ、これって体にええんちゃうかな」って。そこからサウナのこ

とをもっと知ろうと調べ始めました。お客さんに「熱波ってなに?」と聞かれたときに、その効果をきちんと説明したいと思うようになったんです。

うちの熱波師って、サウナ室でバスタオルを手に「パネッパー!」とか叫ぶ印象が強いかもしれませんが、本当は僕のスタイルではバスタオルは必要ないと思っていて。ロウリュのクライマックスは、蒸気が立ちのぼるところ。本当はそれだけでいいんです。僕の中ではロウリュを立てて天井で充満させ、それをゆっくり入浴者の頭上から下ろしてきて完成。ただ、たくさんの人にエンターテインメントとして楽しんでもらうために、バスタオルを振ったり除夜の鐘の108回熱波とかやりますけど(笑)。なぜ僕がここまでやるかというと、人間の体にいいことをやっているという確信があるのと、この活動がメディアに取り上げられ、僕が評価されれば、死んでしまった親父が褒められているみたいでうれしいんです。

うちってお墓がないんです。債権者に金づちで破壊されちゃったんで(笑)。でもよく考えたら、父と母のDNAが入っているこの体自体が墓標じゃないかと。だからサウナに入ってくる子供たちに「お父さんとお母さんが本当に好きなら、自分の体を大切にしなさい。それが最終的にみんなを守ってくれるから」って伝えています。じゃあ大切にするってどういうことか。体を定期的にきちんと温め冷やすこと。サウナと水風呂です。人体は精密機械。メンテナンスが大事なんです。

僕がやってきたことって、家業もプロレスも、その時々は点だけど、結局全部が繋がって線になっていったと思うんです。熱波師はまさにその延長線上。いま、「おふろの国」で熱波師検定の講師として、サウナの良さをみなさんに伝えていますが、僕は「教えている」とは思ってません。親父みたいに教員免許もないし(笑)。純粋に文化としてのサウナと水風呂を伝えていきたいんです。

ファンタジーサウナ＆スパ
おふろの国

㊟神奈川県横浜市鶴見区下末吉2-25-23
☎045-585-4126
㊢平日11：00～24：00、
土日祝8：00～24：00
㊡毎月第3月（祝日の場合は営業）
㊫平日￥850、土日祝￥980
食事処あり
http://ofuronokuni.co.jp

ロビーにはプロレスをモチーフにしたオリジナルグッズが。

後日談

2021年12月20日。街は大雪で交通機関は麻痺状態。この日、新宿の小さなライブハウスであるイベントが行われていた。井上勝正、婚姻届調印式である。

僕は保証人の欄にサインをするために呼ばれていた。

実は僕が書いたこの波乱万蒸記事を読んだ女性が「私がいなくちゃダメな人だ」と思い、彼に会いに行き交際がスタート、結婚に至ったというのだ。仲睦まじい2人を見て、外の天気とは裏腹に心も体も温かく感じていた。日頃彼が自分のことを「サウナそのもの」と言っている意味をこの日初めて理解したのだった。

女性が癒され
バリバリ仕事ができて
サイコー!

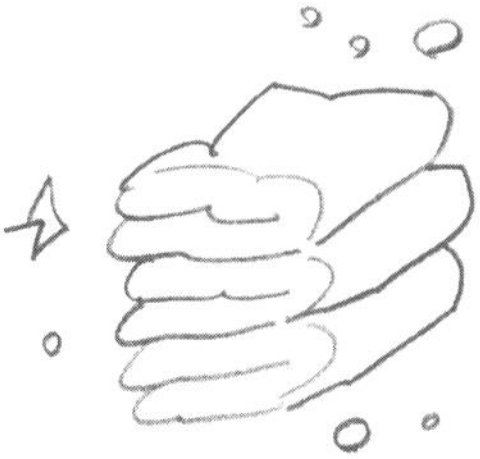

両国湯屋 江戸遊

(東京都墨田区)

「女性とサウナの距離」を縮めた江戸の湯屋

都営大江戸線の両国駅から徒歩1分。北斎通り沿いに「両国湯屋 江戸遊」はある。かつては鉄鋼ビジネスが栄えた街らしく、鉄でできた白いのれんがモチーフの和モダンなファサードが目を引く。

館内に入ると江戸時代の「湯屋」を彷彿する下足箱が並ぶ。脱いだ靴をしまい、江戸切子をあしらったカウンターへ。受付を済ませると2階の男性フロアへ。ちなみに、江戸遊は5階建て。女性フロアは4階にあり、男女それぞれのフロアにはワークスペースも備えてある。そして、3階には男女共有のリラクゼーションスペースと食事処、5階には男女で利用できる岩盤浴がある。

浴室に入って身を清めると、まずはスーパージェット湯へ。高圧水流で立ったまま全身をほぐすことができるのが気持ちいい。その後、高濃度炭酸泉、漢方薬湯の露天風呂など一通りお湯に浸かって肌を温めた後サウナへ。ここのサウナは2種類。フィンランドサウナと75℃前後に設定された中温サウナだ（女性はフィンランドサウナとアロマスチームサウナ）。迷わずフィンランドサウナに入室。室温は90℃。ほどよい湿度を感じながら、最上段に座ると中央に鎮

岩盤浴が3つと充実しているのも女性に優しい施設たる所以。

旧湯船を残し、温浴施設らしさを感じられるワーキングスペース。

外観の鉄板に打たれた青海波はとても印象的。

座するサウナストーブを見下ろす。しばらくすると、テレビもＢＧＭもない無音の室内にジュジュ～ッという音が響きわたった。アツアツのストーンに水が注がれるオートロウリュの調べ。サウナーにとっては心躍るメロディだ。室内に蒸気が立ちこめ、室温は一気に上昇。汗がとめどなく噴き出る。

清潔でおしゃれ、一日中ゆったりと過ごせる「江戸遊」。女性客に人気が高い施設であることがよくわかる。

戦後生まれのサウナと女性との関係。それは決して良好なものとは言い難かった。日本のサウナは、１９６４年の東京オリンピックのとき、選手村にサウナ施設が作られたことで全国に知られるようになった。そして高度経済成長期のサラリーマンとともに発展するも、いわゆる三業地に多く存在することとなり、ときに「不健全な場所」というイメージを背負わされてきた。それゆえ、女性が足を運ぶ場所ではなく、その距離は近年まで縮まることはなかった。それを縮めたのが〝サウナ界のジャンヌ・ダルク〟こと平井要子だ。

生まれも育ちも墨田区両国。典型的な江戸っ子だが、学生の頃から遠路はるばる自由が丘のサウナへ自ら車を運転して通っていたというアヴァンギャルドな一面も持つ。「すべての人々が安心して入れる温浴施設」を標榜し、江戸の伝統と最先端が共存した東京一〝粋〟で〝WOMEN'S FIRST〟な温浴施設を作り上げた彼女の人生もまた、波乱万蒸だった。

平井要子。

女湯「白波湯」。葛飾北斎の富嶽三十六景『凱風快晴』が美しい。

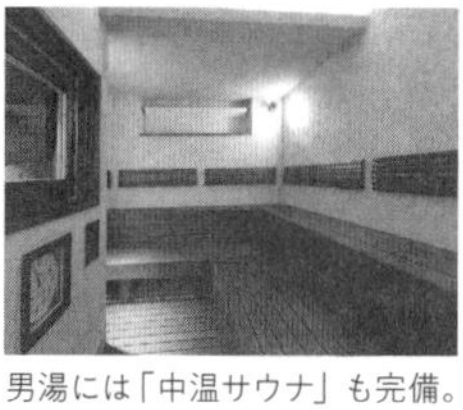
男湯には「中温サウナ」も完備。

サイコー〝ジャンヌ・ダルク〟の裏歴書
平《ひら》井《い》要《よう》子《こ》の場合

いまから50年以上前のこと。私が20歳になった頃、女性専用サウナが自由が丘の目黒通り沿いにできたんです。最初は友達と一緒に行ったんですが、私がいちばんハマっちゃったんですよ。汗をかいてから水風呂に入ったときの爽快感が忘れられなくて。しかも、女性専用サウナってそれまでどこにもなくって、そこが東京で初めての施設だったんです。それからはしばらく通いつめました。両国から自由が丘へ電車で行くのは遠くて大変だったので、自分で車を運転して（笑）。

その後、向島にも女性専用のサウナができまして。向島っていうのは花街で、当時は芸者衆が何百人もいましたので、街全体が艶っぽかったんです。サウナに来る女性たちもほとんどが芸者で、若い人が多かったんです。いまでも覚えているんですが、ある日、私よりも少し年上の、すごく色っぽい女性が薄暗い小さなサウナ室のベンチに座っていたんです。横目でちらっと見ると、ちょうど太ももに彫ってあるバラの刺青がほんのり赤くなっていって。それがすっごくきれいだった。なんだか高倉健主演の仁侠映画の世界みたいですよね？　サウナで花が咲いたんだなって（笑）。

サウナは「男のもの」の時代だった

私は１９６０年代後半に大学生活を送っていました。日本大学芸術学部写真学科です。ただ、あの時代は学生運動真っ盛り。4年生の1年間は大学にまったく行けませんでした。学校が閉鎖されていましたから。だからそのぶん、サウナに通っ

てたんです（笑）。当時、サウナは「男のもの」。飲みとセットで楽しむ印象が強く、女性とサウナは縁遠かった。夜の女性たちがアルコールを抜くためにサウナへ行く、という話はよく聞きましたが、私たちのような一般の女性にはまだまだ敷居が高かった。女性が純粋に、サウナを楽しむことだけを目的に通うというのは結構珍しいことだったかもしれません。

当時は、女性というだけでとても苦労する時代。男女雇用機会均等法すらありませんから、女性の就職はまだまだ難しくもありました。というか、4年制大学に進学する女性は少数派で、しかも芸術学部は「変わり者の集まり」と思われていました（笑）。でも私は、日芸で教育を受けさせてもらったことがいまの事業に生きている。すごく感謝しています。教育は大事だなって。

サウナこそ現代の女性に必要

大学卒業後は、両国にある親の会社の仕事を手伝っていました。そして結婚して。普通に主婦をやっていましたが、48歳のときに現在の会社を起業することにしました。子育てに手がかからなくなりましたし、自分で商売に挑戦してみたいなって。たまたま現在の土地が空いたというのも大きなきっかけになりました。

両国はもともと鉄鋼商社がたくさんある鉄の街でした。でも、時代とともに産業が移り変わり、高度経済成長期の頃に比べると街の賑わいが減ってしまったんです。そんなとき、新しい時代に向けて、街を活性化させようという声があがったんです。墨田区からも「１９９３年には江戸東京博物館ができ、その翌年には地下鉄大江戸線も開業する（注：実際に開業したのは２０００年）。北

斎通りを駅前通りとして発展させよう」と提言がありまして。じゃあ、私はなんの商売をすれば地域に貢献できるだろうと考え、そうだ、もともとサウナが好きなんだから、お風呂屋さんを作ろう。江戸文化の名残であるお風呂屋さんがこの街にあると素敵なんじゃないかなって。

女性を癒す場所を作りたい、という想いも強かったんです。男性が遊ぶ場所はいくらでもあるけれど、女性が息抜きする場所ってなかなかないんです。女性も男性と同じように働く時代ですし、結婚すれば子育てに忙殺されてとてもつらい。そんなとき、私はサウナにすごく助けられてきたんです。温浴施設こそ現代の女性に必要だと、私自身が強く実感してきたんです。

お客さまが全然来ない！

昔から、サウナやお風呂屋さんを開業する方は、みなさんだいたいどこかの施設で修行するのが定番です。でも私は48歳で始めましたから、修行には行けなかった。悩みましたが、最終的に「とにかく飛び込んでみよう」と決意して。１９９６年、「江戸遊」を開業しました。内外装ともに両国の街に馴染む施設であることを心がけ、切子やお神輿、木工や屏風といった江戸文化を継承している職人さんたちの技術を取り入れました。地元のみなさんに生活の一部として使っていただきたいと思いましたし、下町の文化を継承することで、生まれ育った地域に貢献できればいいなって。そして、オープン当初から、女性と男性のスペースは同等にしました。多くの施設は男性優位に作りますが、女性用も同じ大きさのサウナにしたんです。都内でも女性用サウナの設置は早いほうだったと思いますね。

ただ、最初はなにをどうすればいいのか、わからないことだらけ。機械室の電話から「いまここ

の装置が止まってるけどどうしたらいいんですか？」って毎日のように業者さんに質問して（笑）。とにかく、全部そうやって一から覚えていきました。当時はまだ温浴施設がいまほどたくさんなかったので、経験者が少なく相談相手がいないんです。ましてや従業員教育の方法なんて全然わからない。お風呂屋さんってなにもかも特殊なんです。試行錯誤の連続でした。

しかも、期待していた大江戸線の開通が延びてしまい、開業したばかりだから当然知名度はない、繁華街でもないので人の出入りもない。もう散々（笑）。業者さんからは「江戸遊さんはいつ潰れるかね？」って言われてました（笑）。

一体どうすればいいかと悩む毎日。でもいろいろ考えてもらちが明かない。とにかくお客さまに来ていただかなくては。そのためには宣伝しなくちゃと。いまみたいにネットもありませんので、チラシからスタートしました。そして、自分なりにアートワークや外観にこだわったことを打ち出していったら、だんだんと雑誌の取材が入るようになり始めて。そこから少しずつお客さまがいらっしゃるようになりました。ちなみに、「江戸遊」のロゴの〝江〟って漢字をよく見ていただくとわかるんですが、右側の〝工〟の縦棒が温泉マークの湯気みたいになってるんです。かわいいでしょ？　これは日芸時代の同級生の紹介で、とても信頼できる人にデザインしていただいたんです。

泥酔客はお断りです

そしてある日、うちの求人を見た人が「お金はいらないから僕に営業をやらせてほしい」ってやって来られて。「こんなにいい店なのに、お客が全然いないのはもったいない！」とまで言ってくれたんです。あまりに突然だったんで、ちょっ

と不安でしたが、お願いしてみることにしたんです。そしたらその方は営業のプロ。いろんなところからお客さまを連れてきてくれて。本当にすごかった。そういえば彼は、「どんな壊れたものでも売ってみせる」って豪語してました（笑）。

オープン当初は男性のお客さまの方が多かったですね。しかも酔っ払いのお客さまが多かった。そこで決心しまして、泥酔された方はお断りするようになったんです。お酒を飲んで入られて中で倒れられたら大変ですし、命にもかかわります。最初はクレームの嵐でした。でも、私たちは「健康産業である」という理念を社員にも徹底していますし、健康に貢献する健全な施設だという確固たる自負があります。「江戸遊は、夜は酔っ払いが入れない」ということがだんだんと広まり非常に良かったと思います。

自分の生まれた土地で開業したのは、サウナの間違ったイメージをどうにか払拭したいという想いも強くありました。この「江戸遊」をきっかけに、誰もがサウナや温浴施設を安心して利用し、健全に過ごすことが当たり前になるといいなって。そのためにも街に融合した外観にこだわり、お客さまに安全を提供する施設運営を目指さなくてはいけないんです。

ここ10年ぐらいでしょうか。サウナとスパが世間に正しく認知され始めるようになったのは。いまでは、子育ての合間やお仕事帰りに立ち寄ってくださる女性のお客さまがたくさんいます。この光景、昔では考えられなかった。すごくうれしいことなんです。

この先も存在価値のある施設に

オープンから20年以上が経ち、設備も古くなってきましたので、２０１９年に全館リニューアルをいたしました。外観や内装については、日本屈

指の設計事務所さんにご相談したところ、「ぜひやらせてほしい」とベテランの方が言ってくださって。その方はたまたま地元・墨田区出身で、「江戸遊」創業時からの大ファンだったそうなんです。これもありがたいご縁。才能にあふれる方々に助けられ、本当に感謝しています

創業当初から女性を癒す施設であることを目指してきましたが、働く女性が増え続けるいま、「女性に優しいサウナ施設とはどうあるべきか」を社員たちと研究し、今回のリニューアルでは「湯work」というコワーキングスペースを実現させました。癒されるだけじゃなく、気持ちよく働ける環境を作る。これは温浴施設の新しい利用価値だと思います。

これからも新しいお店が増えるでしょうし、サウナもどんどん多様化していますから、いまはまだ誰も考えもつかないような施設も出てくるかもしれませんね。ものすごく小さいサウナ室とか、仮想空間を使ったサウナ室とか（笑）。ただ、いまは、どのお店もコロナという未曾有の問題にどう立ち向かうかが課題です。「江戸遊」もこれまで26年間、実際に倒れそうなことや苦しいことは何度もありました。でも、さまざまな試練を乗り越えてきたので不景気には強いつもりだったんですが、コロナ禍はひたすら辛抱するしかありませんでした。事業を続けていくことは大変なことだと痛感する日々ですが、それでも「やってよかった」と思うことの方が多いから続けていけるんだと思います。そして、「自分が遺したものがこの先、生き残るだけの存在価値があるものであってほしい」と思いながら、これからも仕事をしていこうと思います。

両国湯屋 江戸遊

㊟東京都墨田区亀沢1-5-8
☎03-3621-2611
㊖10:00～翌8:30　㊡無休
㊕¥2,970ほか
宿泊可　食事処あり
www.edoyu.com/ryougoku

内装には随所に江戸の職人技が光る。

新しさとフレンドリーさが

サイコー！

黄金湯

（東京都墨田区）

DJブース付きの下町ニューウェイヴ銭湯

サウナタウン、錦糸町。駅周辺に4軒の施設がひしめきあうこの歓楽街はサウナーにはよく知られた東の聖地である。錦糸公園で遊ぶ親子連れを横目に、ショッピングモール「オリナス錦糸町」を通過、北上すること数分。スカイツリーが少しずつ近くなってきた頃、小さな看板が目に入る。「黄金湯《こがね》」。白地に黒い文字と赤い温泉マーク。電飾看板はまぎれもなく銭湯だが、店構えは木の風合いを生かしたおしゃれな雰囲気。若者が集うカフェかと一瞬見紛う。

黄金湯が創業したのは戦前の昭和7年、1932年。以来90年以上、1世紀近くにわたり地元・墨田区太平の銭湯として親しまれてきた。そんな老舗銭湯が閉店の危機に追い込まれていたとき、近隣の「大黒湯」が手を差し伸べ、建築家やアーティストを巻き込み改修プロジェクトを発足、クラウドファンディングを利用しつつ2020年にリニューアルオープンを果たしたのである。

期待に胸を膨らませ入店。中に入ればロの字型のバーカウンター兼DJブース兼番台がお出迎え。反対側には昔のままの下足箱がきれいに手入れをされ佇んでいる。下足札の裏面には、この施設の改修をクラファンで支援した人や団

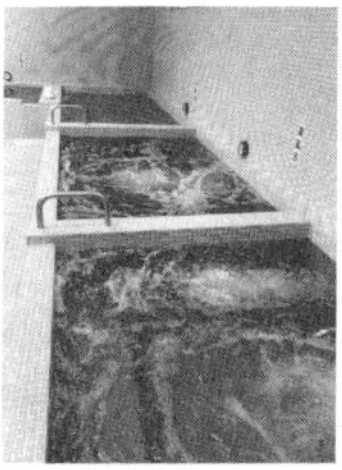
3種類のお風呂。

下足札の裏面。

DJイベントなども行われている。

体の名前が。くじ引きみたいでなんだか楽しい。

脱衣所はモダンな感じだが、浴室内は極めてオーソドックスな造りの昔ながらの銭湯だ。お風呂は3種類。43〜44℃のあつ湯、日替わりの薬湯、高濃度炭酸泉。まずは体を洗いあつ湯に浸かってほっと一息。視線を上げると壁一面には、漫画『きょうの猫村さん』で知られるほしよりこが描いた銭湯絵、富士絵巻図が。男風呂と女風呂にまたがる11mにおよぶ人作で、右から左へと進行する物語が描かれている。黄金湯で産湯を使った少年が成長し、恋に落ち、伴侶を得て、またその子供と黄金湯へ行く継承の物語。下町の銭湯を舞台にした、この大河ドラマを見るだけでも黄金湯に足を運ぶ価値がある。

浴室奥の通路を通ると、そこには新設されたサウナゾーンが。小さいながらもオートロウリュのあるサウナ室に、地下水を使用した大きな水風呂。その横の外気浴スペースで空を見上げれば、ニョキッとそびえる煙突が目に入る。

ああ、風が気持ちいい。ぼーっとした頭で、帰りにどの店で一杯やるか、想いを馳せる。いや、その前に、まずは番台で黄金湯名物クラフトビールだな。DJブースからは心地よい音楽が聞こえてくる。

やりたいことをぎゅうぎゅうに押し込んだ、新時代の銭湯の姿がここにはある。黄金湯を営むのは新保卓也・朋子夫妻。ある日突然、右も左もわからないまま銭湯を経営することになったという彼らの人生もまた、波乱万蒸だった。

オーナーの新保卓也・朋子夫妻。

オートロウリュのある麦飯石サウナ。

ほしよりこによる壁画。

下町のサイコー銭湯経営者の裏歴書
新保《しんぼ》卓也《たくや》・新保朋子《ともこ》の場合

新保卓也（以下卓也）　実家は銭湯「大黒湯」。黄金湯から歩いて5分ほどのところにあります。昭和24年、１９４９年に父が創業しました。僕、次男なんですよ。銭湯は長男の兄が継ぐことになっていたので、僕は就職し、一部上場会社でＯＡ機器の営業職につきました。そして、上司が独立して岡山で起業することになり、そこに呼んでもらいました。会社もどんどん大きくなっていって。でも、自分で会社を経営したいと思い、東京に帰ることにしました。次男坊ですから、小さい頃から自分で商売をしたいという想いがあったんです。それで27歳のときにリサイクルショップを始め、3年で3店舗持つまでになりました。

新保朋子（以下朋子）　実は私、そのときはシングルマザーで。卓也さんのお店の中に1坪ショップがあって、その場所を借りて商売をしていたんです。そうしたら卓也さんに「うちで働かない？」と誘われて。結果、一緒に働いている間に結婚することになりました（笑）。

卓也　そのときは、風呂屋を経営するとか、そういうことはまったく考えもしなかったので、このままいまの商売を2人で頑張っていこうと決断し、店の近くに家を買ったんです。

商売をしつつ銭湯を継ぐ

卓也　その頃、「大黒湯」は兄が営業していたんですが、「自分は自分のやりたいことがあるので、この仕事を続けられない」と辞めることになってしまったんです。先代の父は病気で寝たきり状態

でしたから、90歳の祖母と母で銭湯を経営していくことになりました。公衆浴場の世代交代って結構大変なんです。ほとんどが個人事業主ですし、それまで何十年と自分の力だけで頑張ってきたという創業者のプライドもあるので、なかなか次の世代に上手に経営を渡せない。結局、跡継ぎが続かないというケースも少なくないんです。次の世代はやりたいことがいろいろあって、こうできたらいいのに、という想いはありながら、先代は変化を嫌って新しいことに挑戦できなかったり、思い描いていた世界と現実とのギャップも大きかったり。そういう環境の中で、兄は悩みながらも自分の人生の選択をしたんだと思います。

当時は私たちも商売を営んでいましたし、念願の家も買って、という状態で結構バタバタしていたんです。でも祖母と母だけで銭湯を回すのはすごく心配だったので、僕らの店が終わった後にお風呂の掃除だけでも手伝おうよって、子供が寝付いた後に妻と2人で行っていたんです。すると次第に銭湯にいる時間が長くなっていき、最終的には私たちが店を運営していくことになりました。購入した新しい家には一日も住むことはなく、子供の引っ越しや転校手続きをして。いろいろと大変でした。でも「大黒湯」は実家であり、先代が築いた銭湯を遺したいと思い、継ぐことを決意したんです。２０１２年、スカイツリーが開業した年のことでした。

右も左もわからなかった銭湯経営

朋子　銭湯の仕事は本職ではありませんでしたから、あまりにも銭湯のことを知らなすぎて。機械の操作もまったくわからない状況だったんです。お義父さんは動けませんし、お義母さんは番台が中心だったので、機械のことはわからない。

卓也　業者さんに教えてもらったり、同業者の親

戚に教えてもらったり。ホント、なにもわからずに継ぐことになっちゃったんです。

朋子　その頃は、朝、銭湯の仕事をしてからリサイクルショップに行き、夜になると銭湯に戻るという日々。しかも銭湯は夜の時間が長い。睡眠時間が3~4時間になってしまって。いちばん下の子を出産したときは、3週間後には仕事に復帰、銭湯の番台に座りながら横に子供寝かせて。子供の世話とお風呂屋の仕事と一家全員のご飯の支度もしていましたので、本当につらくて。さすがにこれでは持たないので、スタッフを雇い入れてもらい、なんとか回るようになりました。

そんな状態が1年くらい続き、お風呂の仕事にも慣れ、少し余裕が出てきました。すると、大黒湯には名物になるものがあった方がいいなと思うようになって。ほかの銭湯とは違う「売り」はないかなって。使っている水が地下水だったので、試しに温泉申請を出してみたんです。それで成分調査をしてみたら見事に温泉だというお墨付きをいただいて。掘ったわけではなく、地下水そのものに弱アルカリ性の温泉成分が入っていたんです。

その後、駐車場の薪置き場を露天風呂にしたり、少しずつリニューアルをしていきました。結果、お客さまも増え、オールナイト営業に踏み切ったんです。お客さまに少しでもゆっくり入っていただきたくて、営業時間を延長すれば混雑を分散できるだろうと。夜12時までだったものを、朝10時まで、10時間延ばすことにしたんです。

最初は深夜からのお客さまが30人程度しかいらっしゃらなかったんです。このままだと難しいかなと思いましたが、お客さまにはすっごく喜ばれていて。徐々に口コミで浸透していきました。気づけば深夜営業のみでたくさんのお客さまにご来店いただくようになって。470円(現在は500円)で入れるし、深夜料金も取りません。深夜しか来られないお客さまからの感謝の声がすご

く多くて。いまの時代には合ってるんだなって。

廃業寸前の黄金湯を引き取り再生

朋子　黄金湯はもともと大黒湯の先代が土地を所有して経営していたんです。その後、経営権は別の方に移り、その方が運営されていたんです。でも、廃業するという話になった。素晴らしい銭湯だったので、もったいないと思ったんです。それで私も「引き継いだ方がいいんじゃない？」と夫に言いました。ということは、やっぱり私も手伝わないといけないんですけれど（笑）。

ただ、大黒湯から徒歩5分の距離ですから、お客さまの取り合いになってもしょうがない。ならば、大黒湯のお客さまより若い世代の方々に銭湯の魅力を知ってもらえる施設にしようよって。

卓也　そこで、地元で活動するアーティストの高橋理子さんにロゴやトータルコンセプトのクリエイティブディレクションをお願いし、内装設計はブルーボトルコーヒーの店舗なども手がけるスキーマ建築計画の長坂常《じょう》さんにお願いすることにしました。なにより、お2人ともお風呂好きというのが良かったんです。しかも、黄金湯を再生させることで地元はもちろん、銭湯業界を活性化させたいという想いも共通していました。

黄金湯のお風呂に関しては、自分たちがいろんな施設へ行って体験した、気持ちが良かった温度や環境を再現してお客さまにも味わっていただきたいという想いがあって。建物の設計は建築のプロにお願いしましたが、お風呂とサウナに関しては私たちの思い入れを詰め込みました。

僕は、いろんな人が平等に裸で入る公衆浴場が大好きなんです。そこで、僕がこだわった温度や成分のお湯に入っていただき、サウナにも入ってもらいたい。サウナ、水風呂、外気浴。この3点セットはマストでした。男湯は国産ヒバ材を使っ

たオートロウリュサウナで女湯は国産ヒノキを使ったセルフロウリュサウナ。さらにオートロウリュサウナを出ると目の前には水深90㎝の水風呂があり、そこは外気浴スペースとつながっている。大黒湯が都内の銭湯ではかなり大きな外気浴を備えているので、黄金湯もやっぱりそこにはこだわりたかった。そこで、薪置き場だった場所を外気浴スペースに作りかえました。

朋子　あと、サウナの壁は麦飯石《ばくはんせき》なんです。香川で体験した古代サウナ「から風呂」がすごく良かったんです。輻射熱の温度も高いのでしっかり汗がかける。工事の途中で急遽計画を変更して、どうしても麦飯石がいいと無理言って。工務店さんには「もうホント無理です！」って言われたんですけど、絶対に譲れません！　と（笑）。

そして、私のもうひとつのこだわりは女性のサウナ室。最初はみんなから「ナシにしましょう」ってずっと言われていたんです。作っても小さなスペースしか取れないからと。大黒湯を経営していたので私もわかっているんです。女性の利用人数は男性に比べて圧倒的に少ないことを。でもサウナを女性側にも入れたいと私が切望して。お願いだから作ってって。狭くてもいいから、せめてセルフロウリュできるようにって（笑）。

次の世代に銭湯を遺すために

朋子　実は黄金湯をやる前、都心の超一等地に新しくサウナ付き銭湯を作る計画があったんです。話は進んでいましたが、いろいろあって結局なくなりました。でもそのとき、都心でサウナ付き銭湯を経営していくためにはどうすればいいのか、なにが必要なのかを2人で真剣に考えたんです。

卓也　いまの黄金湯があるのはその計画があったからと言っても過言ではなく。サウナのこともお

風呂のこともそうですが、これからの銭湯業界についてもすごく考えるようになりました。街の銭湯を次世代に遺すためにはどうしたらいいだろうと。新しいことに少しずつ挑戦し、変化し、お客さまに、これなら次の世代に遺ってもいいと思われるものを作ってやっと遺れるのかなと。やっぱり公衆浴場だけだと経営は難しいんです。

朋子　銭湯って、1時間に50人の方にご利用いただくので目一杯なんです。しかも今回の改修で設備はほぼ入れ替え、費用は億単位でかかりました。人生かけての改修だったんです。施設は続けていればどうしても老朽化するし、改修には莫大な費用がかかる。それが払えなくて廃業というパターンも多いんです。継続的にお客さまにご来店いただくためには、新しいことに挑戦して付加価値をつけ、そこで商売をしていくしかないんです。

卓也　ですから、銭湯でありながらいろんな業態を作ることを僕たちは目指しているんです。大黒湯でもマッサージ部門を立ち上げ、お風呂だけじゃない事業もやっています。その流れで、黄金湯では銭湯だけどクラフトビールのサーバーがあり、ターンテーブルもあり、そこにときおりＤＪが来て小さなイベントも開催する。２階には簡易宿泊設備を作り飲食も提供する。銭湯を中心にいろんなサービスを付帯していく。銭湯だって新しいビジネスモデルを創出できるということを見せたいんです。次の世代に銭湯が生き残っていくためにも。

朋子　もちろん、常連さんの中には、リニューアルを敬遠される方がいらっしゃるのも事実。私の黄金湯じゃないと、ちょっと寂しい気持ちになっておられる方もいて。マイルーティンもありますから、リニューアルでそれができなくなったというご意見もありました。でも、新しいことを始めるにあたって、賛否あるのは仕方がないなって。

そして、女性にフレンドリーな施設にしたいと

いう想いもすごくありました。クリエイティブディレクションの高橋理子さんも、壁画を描いてくださったほしよりこさんも女性。女性の方にたくさん関わっていただいたのは良かったなって。

卓也　ほしさんは、絵を描かれる前、僕らがどんな想いでここを作ったのか話をたくさん聞いてくれて、それを絵巻物で描いてくださったんです。

朋子　深川江戸資料館にも行かれ、江戸の文化について調べられて。作画のときは、下書きを壁に投影機で映し、2日間かけて筆で描いていただきました。

卓也　通常のお風呂屋のペンキ画ではなく、墨絵のような形で絵巻物のように見せるにはなんの塗料で描くのがいちばんいいか、ということから考えてくださって。今回いろんなクリエイターの方々が関わってくださいましたが、みなさん伝統や地元に根付いた商売に対しての想いが強い方ばかりだったので非常にありがたかったです。

地元に行きつけの銭湯が3軒あれば

朋子　サウナが注目を浴びたことは大きかったと思います。『サ道』の「ととのったー」っていう表現、本当に素晴らしいですよね。いまやすっかり定着しましたし、いまの温浴業界はあの作品に助けられていると思います。そうじゃなかったら私たちもあんなにサウナに力を入れることもなかった。これから改装される温浴業界の人たちもサウナを中心にして改装を考えると思うんです。そしてそれが呼び水になり、日本中でサウナ施設が増え、幸せな人が増えるといいなって。

卓也　代々やってきた銭湯の立場としては、地元に行きつけの銭湯が3軒ある環境がベストだなと思ってます。近くのお店が休みのときには、別に行ける場所がある。さらに気分で変えられると選択肢も広がるし、銭湯に行くこと自体が楽しくな

る。だから老若男女、みんなが公衆浴場を気軽に普段使いできるよう、少しでも銭湯を遺していく試みができればいいなと思っているんです。

©Yurika Kono

黄金湯

㊟東京都墨田区太平4-14-6
金澤マンション1F

☎03-3622-5009

㊖月～金・日祝6:00～9:00、11:00～24:30、
土6:00～9:00、15:00～24:30

㊡第2・第4月　㊕¥500

宿泊可　食事処あり

https://koganeyu.com

サク飲みスペースも。

オロポとスイカジュースと
ヨモギ蒸しが
サイコー！

アダムアンドイブ

（東京都港区）

西麻布の韓国式サウナは自由平等のユートピア

5秒前、3、2、1、キュー！「さあ始まりました、シブスタ月曜日！」。

今日も生放送が始まった。ルーティンになっているとはいえ、この瞬間はいつもフロアに緊張が走る。番組のアシスタントプロデューサーを務める僕は、ひとたび問題が生じればすぐに人身御供《ひとみごくう》になれるようスタジオのバックヤードでスタンバイしている。番組の模様を映し出す小さなモニターを、芸能事務所の新人マネージャー・文《ムン》と一緒に見つめながら——。

夢や希望を胸に抱いて2004年にテレビの現場で出会った僕たちは、いまはそれぞれ家業を継ぎ、中小企業の経営者になっている。僕は北区王子の老舗鉄鋼商社を、文は港区西麻布の老舗サウナ「アダムアンドイブ」を。

六本木通りを渋谷へ向かい、六本木ヒルズの先の交差点を渡って左折、通称「テレ朝通り」をぐんぐん進むと、客船を彷彿させる独特なフォルムと、黄色と緑のビビッドな外壁の建物が見えてくる。「アダムアンドイブ」だ。

芸能人御用達として有名なこのサウナ、近隣の中国大使館が醸し出すものものしい風情も相まって、選ばれし者だけが入店できる大人の秘密基地的雰囲気

いろんな人を蒸してきた。

目を引く派手な外観。

かつて筆者と苦楽をともにした社長。

がある。しかし「店のルールを守るならば来る者は拒まず」がモットーのユートピア。人種も国籍も職業も刺青も、有名無名も地位も名誉も関係ない。ここでは誰もが自由平等なのだ。裸になれば誰もがただの人間、アダムとイブ。

サウナは2種類。高温のドライサウナとスチームサウナ。僕はここの韓国式のヨモギスチームサウナが気に入っている。ヨモギ成分を体中に浴びると、心底健康になった気分になれる。仕事で疲れ果てているときには効果てきめんだ。そして、『実話ナックルズ』的会話をBGMに、サウナに居ながらにして和彫りの伝統技術を鑑賞できることもスリリングで大好きだ。王様気分を味わえるフカフカのガウンも。とにかくここの良さは、「自由」であること。浴室のインターホンで「オロポ」を注文すれば、サ室内で飲むこともできるのだ。オロポとはオロナミンCをポカリスエットで割った飲み物。いまやサウナーにとって欠かせない飲料として全国に普及しているが、発祥はここである。

「アダムアンドイブ」の二代目経営者・文沢圭《テッキュ》とは、片やテレビ東京のアシスタントプロデューサー、片や人気タレントのマネージャーとして、20年近く前に出会っている。当時は働き方改革なんて言葉はなく、お互い家にもあまり帰れない目まぐるしい日々を過ごしていた頃だった。

あれから僕たちは大人になれたのだろうか。

彼に久々に会い、話を聞くことにした。彼の人生もまた、波乱万蒸だった。

めっちゃ早く出てくるオロポ。

良質な薬草スチームサウナ。

豆腐チゲも美味。

西麻布のサイコー老舗サウナ経営者の裏歴書

文沢圭《ムンテッキュ》の場合

父が韓国で行っていた家業が倒産し、知り合いを頼って日本に働き口を探しに来たのが始まりでした。1987年頃のことです。父が初めて日本に来たとき、全財産は1万円。でも免税店でタバコ買うんですよ。買うんかい！　って感じなんですけど（笑）。当時1カートン2000円くらいで、残り8000円。妻と子供もいるし、これからどうしようかな……って思いつつ喫茶店でタバコを吸っていたら、状況があまりにもネガティブすぎて、逆に気持ちがポジティブになり、これ以上悪くなることはないから、なるようになる！　なんでもやってやる！　と気持ちを切り替えたそうです。当時、ものすごく狭い場所に家族3人で暮らしていたんですが、僕はまだ幼かったので貧乏を理解できていなかったのは幸いでした。

来日4年でサウナを作った両親

僕は日本語がまったくしゃべれなかったんです。なのにいきなり地元の小学校に転入して。昔って、転校生は全校集会で挨拶をするのが習わしだったんです。かろうじて「おはようございます」だけは言えたので、先生からそれだけ言いなさいと。みんなの前でマイクを向けられ「おはようございます」と言ったら、校長先生が僕に質問したんです。「どこから来たの？」とかそんな感じだったと思うんですけど。僕はなにを言っているかわからないし「おはようございます」しか言えないので、もう1回「おはようございます」って言ったんです。全校生徒が、「あ、この子言葉がわかん

ないんだな」って。それでいじめられました。

西麻布という土地柄、大使館関係の子供や韓国人もいっぱいいたので「韓国人だから」ということではなく、言葉がわからないから、からかいの対象になったんです。当時、両親とは韓国語でしゃべっていましたが、親としては早く日本語を覚えてほしいという想いがあって、できるだけ家でも日本語を使うように促されました。必死だったので、半年ぐらいで不自由ないぐらいにしゃべれるようになりました。逆に韓国語のスキルがみるみる落ちてしまい、家ではいまだに母親は僕に韓国語で話しかけ、僕は日本語で返しているんです。

そして、来日して4年くらいたった91年のことでした。麻布十番の「韓日館」という焼肉屋さんがあるビルの地下に、女性専用の「サウナイブ」というお店を両親が開業させるんです。女性専用でしたので、経営は母。当時は女性専用のサウナは少なく、その頃は新大久保の「ルビーパレス」さん、ロアビルの「ＶＩＶＩ」さん（現在は閉店）があるくらいでした。なので、界隈のマダムたちから大好評をいただいていたんです。そしてそんなマダムの中のひとりが「家族も一緒にみんなで来れたら」という話をされたことがあったんです。父も自分が入れるサウナを作りたかったそうで、じゃあ男性用も、ということで、95年に、現在の場所にサウナ「アダムアンドイブ」を開業しました。両親は2人とも、いまでいうサウナーのはしり（笑）。僕も小さい頃、父に連れられ都内のさまざまなサウナへよく行きました。

父はそれぞれの施設を見て体感して、「こういうのがあったらいいな」とか「浴槽の深さはこれぐらいがいいな」とか考えていたみたいで。店を作ったときにそれを具現化したんです。

例えば、韓国式のアカスリマッサージ。当時、アカスリをやる施設はうちを含めて数軒しかなかったんです。サウナだけでなく、韓国式のアカ

スリマッサージもいいという評判をいただいて。スチームサウナを始めたときも、普通のスチームだとありきたりなので、通常より高温に設定して、ヨモギなどの薬草も入れたら、これも好評だったんです。両親が、自分たちで入るときにスチームサウナにもうちょっとパンチが欲しいなと思ったらしいんです。ちなみに男性の方がちょっと温度が高めなんです。

成り行きで芸能界の仕事を経験

芸能界の仕事は大学卒業後に携わることになりました。僕は、高校・大学とアメリカに留学し、卒業後に東京に戻ってきたんです。それで店の手伝いをしていたときに、ご存じの通りうちは場所柄芸能関係のお客さまも多いんですが、ある芸能プロダクションの代表の方から「ちょっとうちの会社の雑用を手伝ってよ」とお誘いを受けまして。そうしたら、あれよあれよという間に現場マネージャーになってしまいました（笑）。

芸能界のことなんてなにもわからず、タレントさんにいろいろと教えてもらいながらでしたが、3年ぐらいやらせていただいて。本当に忙しい日々でしたが、大変なりにやりがいもあったんです。でも、27歳になったとき、年齢的にも将来の方向性をちゃんと決めないといけないと思い、先代である父と話をしました。父の気持ちとしては、やっぱりここを継いでほしいと。僕も子供の頃からお風呂はずっとここだったし、留学をしたり自分の好きなことを好きなようにやれたのも、全部ここがあったから。やっぱり他人に任せるわけにはいかないと考え、父の会社に入社しました。

ただ、当時はあまりにも韓国のことを知らず、韓国語を完全に忘れていました。正式に会社を継ぐ前に、一度韓国へ行ってほしいと父に言われ、韓国に1年ほど住み、韓国のサウナ文化を体験し

て回ったりもしました。街の小さな銭湯のようなサウナから、大型の施設のサウナまでをいろいろと。昔の韓国人は毎日サウナに行ってたんです。日本人が街の銭湯に行くような感覚で。でも、いまは施設の数も減ってしまいました。現代の若い人たちにとって、サウナは毎日ではなく、イベント的なもの。友達とご飯食べてその後みんなでサウナ行って寝転んで。いまの一般的な日本の若い人と同じような感覚だと思いますね。

日本一安全なサウナです

もともと女性専用サウナ「イブ」をやってた頃、オロナミンCにヤクルトを入れる飲み物があったんです。ただ、おいしいんですけど、汗をかいた後だとちょっと甘みも強いし、量も水分補給にしては足りない。すると父が、「じゃあオロナミンCにポカリスエット入れちゃったら？」って言い出して。実際にそうやって飲んでみたら「これすごくおいしいね！」って。それで「オロポ」が誕生したんです。でも既存の製品を混ぜただけなので、僕らが発明したんですと大々的に言うのはちょっと忍びないというか。都市伝説的に、みなさんの間で「アダムアンドイブが発祥の地」という認識だけあれば、僕らはそれで十分。

ただ、うちはビールがほとんど出ないんですよ。東京でいちばんビールが出ないサウナなんじゃないですかね（笑）。サウナブームになって一層拍車がかかりました。以前はサウナで汗を流した後は、食堂で冷えたジョッキでビールを飲むのが暗黙のルールだったんですが、みなさん結果的にオロポになっちゃうんです。中にはたまに食事と一緒に生ビールを頼まれる方もいらっしゃいますが、オロポに比べれば本当に微々たるもの。

サウナ室で飲み物をＯＫにするようになったのは、若い方がサウナに目覚め、我慢大会的な感じ

で入られる方が増えてきたからです。しっかり水分補給しないとサウナは危ないので、「水分補給をしましょう」という注意書きも貼ったんですが、それほど効果はありませんでした。だったら浴室内でドリンクを飲めたらいいんじゃないか、いっそインターホンを付けて、飲み物をいつでも注文できるようにしようと思いついたんです。メニューにある飲み物でしたら、お酒以外はなんでも。

昔からの常連さんは、オロポはもう飽きちゃったから別のにしようとほかのものを飲まれる方も多いんです。「イブ」の時代から、生搾りジュースが人気です。オレンジとグレープフルーツとスイカがあるんですが、特にスイカがすごく体にいいんです。天然の栄養剤と言われるぐらいで、水分もものすごく多いですし。注文を受けてから生のスイカをミキサーに入れて作るので、果汁100%でおすすめです。夏は「ジュースじゃなくてカットのスイカで」って注文される常連さんもいらっしゃるんです（笑）。

あと、刺青とかタトゥーとか、うちは問題にしないんです。「イブ」の頃からそうでした。この辺りは大使館も多く、外国人の方もよくいらっしゃる。海外の方はカジュアルにタトゥーを入れるので、それを断るのはどうかなと。すると、タトゥーはいいけど和彫りはダメというのはおかしな話ですし、どこで線引きをするかってすごく難しいんです。入浴前に「見せてください」ってお願いするわけにもいきませんし。刺青やタトゥーをお断りする意図は理解できるんですが、うちとしては、サウナはみんな平等に気持ちよくなる場所ですから、刺青やタトゥーが入っていようがいまいが、人種も国籍も関係なく、うちのルールを守っていただければお断りはしません、というスタンスなんです。幸運にも中国大使館の警備で機動隊が目の前に24時間365日いますし、消防署も歩いて10秒ぐらいのところにあって。警察と消

防に囲まれているので、ある意味「日本一安全なサウナ」って言われているんです（笑）。

心が折れかけた東日本大震災

うちは365日24時間営業ですので、お店を閉めて家に帰る安心感ってまったくないんですよ。家にいても常にお店は大丈夫かなって気になって休まらないことが多いですし。水風呂用の冷却チラーが真夏のお盆のど真ん中で故障したときはもう大変でした。業者さんの工事もお盆明けじゃないと対応してもらえない。サウナーの方々はおわかりと思いますが、サウナが熱くないことと、水風呂が冷たくないことは、サウナ施設においては致命傷。すぐに氷屋さんを探して巨大な氷の塊を買ってどんどん入れて。それでもチラーが冷やす水風呂の温度にはならないので、お客さまには本当に申し訳ないですけれども、と事情をお伝えすると、常連の方は氷の塊を抱きながら「これはこれで全然いいよ！」と喜んでくれて（笑）。ありがたかったです。ただ、巨大なブロックの氷をストックしておく場所なんてないので、なくなりそうになったら買いに行く、というのを繰り返し、「まとまった量を買いますので、できるだけ夜遅くまでお店を開けてもらえますか」とお願いをして。それを1週間。あれはもう二度と経験したくない思い出です（笑）。

そして、2011年3月11日、東日本大震災の日も大変でした。あの夜、六本木周辺は帰宅困難者であふれてしまったので、みなさんにワンコインで入っていただいたんです。ロッカーもないので貴重品はポリ袋をお渡しして自分で管理していただいて。休憩所のテーブルも移動し、朝まで過ごしていただきました。ただ、僕らもこれから店をやっていけるのかが心配でした。原発事故の影響で韓国に家族がいる従業員たちの中には、実際

に帰ってしまった人もいて、結局スタッフの数が半分くらいになってしまったんです。節電、節水の要請もあり、24時間営業は無理、という話になりました。それでも、常連のお客さまからは「お願いだから開けてください」「サウナに行けなくなるのは死活問題なんだ」というお声をたくさんいただいて。それぐらいうちを愛してくれる方がいらっしゃるんだと思うと元気が出ました。

そこで、夜11時までの時短営業を始めました。ただ、世の中の自粛ムードもあり「店を開けててけしからん」「看板を点けていたらダメだろう」といったお叱りのお電話もたくさん来ましたし、本当に悩みました。コロナ禍になったときも、当時と似たような状況になりましたけれど。

メイウェザー一行がご来店

実は僕、「アダムアンドイブ」の経営をする傍ら、先輩のイベント会社の仕事をお手伝いしていまして。韓国語、英語、日本語がしゃべれる強みを生かし、音楽フェスのコーディネーションをやったりしてるんです。あるとき、その仕事がお台場であり、VIPの対応をしていたら、ボクシング世界チャンピオンのメイウェザーとパッキャオが同じテーブルで、うわぁ、すごい！　って思ってたんです。その後、僕はアフターパーティーのコーディネートが遅くまであり、それが終わった頃、店から連絡が入ったんです。「代表、いまどこにいらっしゃいますか？　すぐ店に来られますか？」。僕がイベントの仕事をしていることを従業員はみんな知っているので、そんな電話がくるのは緊急事態のときだけ。慌てて店に戻ったら、日本語を話せない方々が20人の団体でいらっしゃっていて。よく見たらさっきお台場で見たメイウェザーがいるんですよ（笑）。聞けばチャンプが「疲れたからマッサージに行きたい」と言

い、スタッフが勧めたのがうちだったと。身長2mの屈強なボディーガード20人がマッサージ室で一堂に会していたんです。するとあるスタッフに「あれ？　君、さっきお台場にいなかった？」と言われて。「いや、そうなんです。自分ここのオーナーなんですよ」って答えたら全員大爆笑してました（笑）。

創業者の両親の意志を受け継ぐ

今年で入社して15年目、社長になって6年目です。店の経営、従業員の管理から代表としての対外的なあり方まで、まだまだ模索中です。経営については、父は他界したので、会長である母と相談しつつ。目標は会長です。会長はただの上司ではなく、母親でもあるので、指摘されたことが上司として言われているのか親に小言を言われているのかわからないことがあるんですが（笑）。

実は一度、ロシアの大富豪から「自分だけのサウナにしたいから、このままの店を売ってほしい」と言われたことがあったんです。でもそれはお断りしました。僕は「アダムアンドイブ」を地域のランドマークとして絶対に残したい。韓国から裸一貫で出てきた両親がゼロからここを作りあげたんです。僕は大切に守っていきたいんです。

ただ、僕の代で施設を一新できればいいなとも思っていて。またゼロから作り直せば、お店に対する愛情や執着って全然違ってくると思うし、次の時代に向けて施設が新しくなれば、母もお客さまも喜んでくれると思うんです。ただ、最近のおしゃれなサウナもいいなと思いつつ、僕自身そういうところに行くと、緊張しちゃうんです（笑）。おしゃれすぎるとグデ〜ッとできないじゃないですか。こういう昭和テイストの施設こそが本当に気の休まる場所だと思うし、それが西麻布にあるというのもかっこいいなと思っているんです。

アダムアンドイブ

(住)東京都港区西麻布3-5-5
☎03-5474-4487(アダム)
☎03-5474-4490(イブ)
予約☎03-5474-4455
(営)24時間(7:00~9:00はシャワーのみ利用可)
(休)無休　宿泊可　食事処あり
www.adamandeve.biz

充実のアカスリコーナー。

凍った屈足湖の水風呂が

サイコー!

北海道アヴァント（北海道上川郡）

&

北海道ホテル（北海道帯広市）

アツアツの体を水温0℃の湖で冷やして昇天

一面真っ白な銀世界の屈足湖畔《くったり》。そこにはバレルやテント、そしてコンクリート造りの最新型まであ りとあらゆるモバイルサウナが並んでいる。総勢10台、その光景は圧巻だ。

ガンガンに蒸された後、目の前の湖に降りていく。するとそこには湖をくりぬいた穴が待ち構えている。恐る恐るはしごを伝い穴の中に降りると、水温0℃の世界が広がり、その冷たさにいささか脳がパニックを起こす。いま起こっている究極の交感神経優位状態についていけないのだ。数十秒して湖畔に上がるとバスタオルをかけられる。単なるバスタオルなのに極上の羽毛布団かのごとく感じられ、タオルだけで早くも副交感神経が発動している。

タオルにくるまれたまま、横になれるチェアに腰を下ろす。不思議と体は中から温まり、ぽかぽかしてくる。眼前に広がる山肌と一面の銀世界。この上なく澄んだ空気を大きく吸い込むと訪れる、自然との一体感。いままでいろんなサウナを訪れたが、ここまで自分が自然の一部だと感じられるサウナ体験は屈指だ。「北海道アヴァント」恐るべし。

湖畔に並ぶサウナ小屋。

さまざまなサウナが体験できるのも魅力。

異世界へのゲート。

２０２２年２月。僕は北海道にいた。素敵なサウナ仲間とともに十勝地方に点在するサウナスポットをめぐるサウナツアーである。近年、北の大地は「サウナ王国」と呼ばれるようになった。昔ながらのサウナから雄大な大自然を生かしたリゾート型サウナまで、実に多くのサウナの名所がある。上富良野の「白銀荘」や旭川の「ＯＭＯ７旭川」、アウフグースブームの牽引者として知られる札幌・すすきの「ニコーリフレ」、流氷を眺めることのできる絶景サウナ「北こぶし知床 ホテル＆リゾート」などなど枚挙に暇がない。

今回僕が体験したかったのが、この「アヴァント」だった。アヴァントとは凍った湖に穴を開け、サウナ後のアツアツの体を水温０℃の湖でクールダウンさせるという、フィンランド発祥のアクティビティ。サウナーなら誰もが憧れるアヴァントを日本で実現してしまった男がいる。「森のスパリゾート 北海道ホテル」の社長・林克彦だ。厳冬期の十勝地方は気温マイナス20〜30℃にまで達するという寒冷地の気候を生かし、十勝を日本のアヴァントの聖地に、もとい、サウナの聖地にしようというプロジェクトを立ち上げたのだ。

もとは「サウナ嫌い」だったという彼は、あることをきっかけにサウナに覚醒。自ら経営する北海道ホテルのサウナも完璧にチューニング。さらには全国から観光客がおしよせる一大〝地方創生サウナムーブメント〟を作り上げるに至った。彼の人生もまた、波乱万蒸だったのである。

もはや無。

外気浴というより、自然浴。

林克彦社長。

サイコー〝アヴァント〟を作った経営者の裏歴書

林《はやし》克彦《かつひこ》の場合

曾祖父は大分から帯広にやってきました。最初は御用商人として帯広刑務所で作った家具などを売っていたそうで、その後、十勝日日新聞社に出入りするようになります。文才があったのか、理事になり経営にも参画するようになりました。ところがある日、十勝日日新聞の菅野光民社長が資源調査探検中に巨熊に襲われ殉職してしまう。それで曾祖父が菅野氏の遺志を継ぐことになり、1919年に十勝毎日新聞社を創立しました。

曾祖父は大分出身だったので温泉が大好き。新聞社経営の傍ら、温泉発掘の事業も行い、そこで掘り当てたのが十勝川温泉でした。しかし曾祖父は46歳で急逝。北海道生まれの祖父がそれを引き継ぎ、56年、十勝川温泉クラブ（現・十勝川温泉第一ホテル）を開業しました。さらに父の代になると経営を多角化、FM局やケーブルテレビ、インターネットなどの新しいメディアを作り上げました。現在、新聞社やメディア関係の事業は兄が引き継ぎ、私は観光事業に携わっています。

私は、生まれも育ちも帯広です。中学・高校の頃はアイスホッケーに打ち込み、大学卒業後は本場NHL（北米アイスホッケーリーグ）を体感したいとカナダへ留学、25歳で戻ってくると有無を言わせず父が経営する十勝毎日新聞社に入れられました（笑）。そこで記者を2年ほど経験、系列のホテルやレストランに出向しました。ホテルでは、サービス、宴会、総務など一通り経験し、2017年、北海道ホテルの社長に就任しました。

なんだこれは！　サウナに覚醒

２０１８年11月22日まで、サウナは大嫌いだったんですよ（笑）。

その年の7月、ととのえ親方（ＴＴＮＥ代表札幌市在住のプロサウナー）と出会ったんです。でも、「僕はサウナ嫌いなんで、たぶん二度と会うことはありません」って冗談を言ったぐらい（笑）、それほど苦手だった。ただ、彼が語るサウナの話は非常に興味深いものがあり、サウナが自律神経に作用すること、水風呂で「ととのう」ことの面白さ、サウナを通じての人脈の広さなど、サウナというのはいろいろとすごい世界なんだなと少しずつ思うようになっていきました。

そして、翌8月に台湾の投資家が、50億円のプライベートジェットで帯広空港に降り立つんです。なにしにいらっしゃったんですか？　と聞いたところ、湖沿いに別荘を建てて、サウナを出た後に湖に飛び込みたいと。そんな話を聞くうちに、私どものホテルにも2部屋だけサウナ付きの部屋があることを思い出しました。でもここには、誰ひとりサウナに精通している者がおらず、サウナをまったく売りにしてなかったんです。

そんなとき、ととのえ親方が、「ぜひ一緒にサウナに入りましょうよ」と。仕方なくうちの大浴場のサウナに入ったんです。私は肌があまり強くなく、ドライサウナだとヒリヒリしてしまうので苦手なんです。喉も痛くなりますし。すると、ととのえ親方が壁にロウリュをして、サウナ室の湿度を上げたんです。すると、モール温泉（注：十勝川温泉は日本でも珍しい「モールの湯」が湧出している。植物系の有機物を多く含む泉質。北海道遺産にも認定）の良好な泉質も相まって、肌も喉もまったくヒリヒリしない。水風呂も嫌いだったんですが、それも見事にハマってしまいました。

当時、会社は赤字続きでした。結構つらい毎日で。でも、サウナに目覚めたその日は、めちゃくちゃ熟睡できたんです。それまでは自律神経がすごく乱れていたので、寝ていても、一晩で8回ぐらい目覚めていました。それが、サウナに入ったら朝までぐっすり。「なんだこれは！　台湾の投資家の気持ちがわかったぞ！」(笑)。そこから、毎日サウナに入るようになったんです。

私が社長になる前、ホテルの稼働率は年間60％台でした。その上、収益の柱だった結婚式は少子化により年々減っていく。どうしたら宿泊稼働率を上げられるのか、ずっと考えていたんです。でも、サウナと出合って覚醒しました。「サウナは乱れた自律神経を正常化する」と、日本サウナ学会長を務める加藤容崇医師からもお墨付きをいただきました。大変な思いをしている人は世の中にたくさんいる。サウナを活用しない手はないなと。

毎日サウナに入るようになると、タオルの品質から浴室内の掃除といった基本的なこと、サウナ室のセッティングに至るまで浴室全体の改善点が見えてきました。サウナもロウリュ式にして、壁にロウリュするウォーリュ、「モール温泉」をかける「モーリュ」を売りにし、日帰り入浴も強化するようになりました。

それから元々あったサウナ付きの2部屋をフィンランド式に全面改装。するとほぼ連日部屋が埋まるようになり、カップルの宿泊も増え、客層も若返りました。若い人はサウナグッズも買ってくれますし。サウナに関わる設備投資も数カ月で元が取れました。経済効果はかなりありましたね。2021年の宿泊稼働率は80％弱まで上がり、経営も安定化していきました。

「博多ふくやの明太子理論」で活性化

サウナに助けられたことを、地元にも還元した

いと考えるようになりました。フィンランド式サウナにこのぐらい投資したら、このぐらいのリターンがありますよと、うちのホテルを例に地域の宿泊関係者に教え、無償でアドバイスを始めたんです。というのも、私は「博多ふくやの明太子理論」と勝手に言っているのですが（笑）、明太子を日本で初めて製造販売した「ふくや」は、10年かけて作り上げた製法を公開、それを学んだ明太子屋が次々とできることで市場が広がり、「福岡＝明太子」という認識が日本全国に生まれました。すると明太子を使ったおせんべいとかマヨネーズとか、お土産物の市場が広がる。市場をいかに大きくするかがすごく重要だと思うんです。

しかも十勝の人々は開拓者精神を持っていて、民間のつながりが強く信じ合う気風がある。ですから、個々の施設で頑張るのではなく、みんなで盛り上げる。結果、「十勝＝サウナーの聖地」になれれば、そんなふうに私は考えたんです。

そんな「ふくや理論」にのっとり、地域のサウナに情報を公開したところ、さっそく5つの施設がフィンランド式サウナに変更するための設備投資をしてくれました。そしていまではロウリュができるサウナが17施設もあるんです。人口が20万人近い札幌でも、ロウリュできる施設は7つほどですので、十勝の人口35万人で17カ所は、割合としても日本最多です。

フィンランドツアーでさらに開眼

2019年4月、タナカカツキさんをはじめとするサウナインフルエンサーとともにフィンランドのサウナツアーに参加しました。これはもう本当に勉強になりました。北海道の課題って、スキー場以外の地域は冬場をどうしのぐか、なんです。フィンランドはオーロラがメインですが、世界中からサウナーが来る。よく考えると風景も北

海道そっくり。食べ物もサーモン、ジビエ、チーズなど、共通点がすごく多い。我々が捉えられてなかった顧客を創出できる可能性があるなと。

帰国して、十勝サウナ協議会、日本サウナ学会とネットワークを作りました。都会とは違った、フィンランドのサウナ発祥の地・ルカのような大自然の中のサウナを十勝に作りたいと思ったんです。自然環境の中でサウナに入るって、体験価値としては唯一無二です。そこで考えたのが「アヴァント」でした。屈足湖にはもともとTACというアウトドア体験を提供する会社があります。この湖は、冬は凍結するので使われてなかったんですが、フィンランドでアヴァントを体験した私は、「屈足湖でもアヴァントができる！」とひらめいたんです。そこで、加藤容崇医師と、屈足湖畔のホテル「湯宿くったり温泉レイク・イン」の後藤陽介社長、プロのキャンパーの土井雅史さん、TAC野村竜介社長とともにチャレンジして「北海道アヴァント」ができたんです。3年目を迎えた22年の冬は350人ほどが参加してくれました。

そして、ホテルから1時間ほどの場所にある「十勝しんむら牧場」の新村浩隆社長も、一緒にサウナに入ったらサウナーになってくれました。サウナ上がりに搾りたての牛乳を飲みつつ、目の前に広がる広大な牧場を見ながらととのうという最高のサウナ「ミルクサウナ」を作ってしまったほどなんです。牛を見ながら入れるサウナなんて、聞いたことないでしょう（笑）。真冬の牧場なんて、いままで誰も来ませんでしたが、なかなか予約の取れない人気のサウナになったんです。

知床から十勝までのサウナ街道を

実は、十勝って2010年頃までは、本当になんにもない「素通り地域」と言われていたんです。英国式ガーデンがあるけれども、あまり観光客が

来ない。一方、08年には『北の国から』の倉本聰さんが新しく書き下ろした『風のガーデン』という富良野を舞台にしたドラマが大ヒットし、富良野にはまた人が来るようになりました。そのとき私は、それを羨むくらいなら、富良野からお客さんを呼べばいい、と考えたんです。

そこで、十勝にある5つのガーデンで街道を作り、富良野とつなげようと。もともとの38号線、237号線という国道を「北海道ガーデン街道」と名称を変え、パンフレットを作成、プロモーションしたところ、ガーデン観光客があっという間に3倍以上になりました。さらに旅行代理店と連動して北海道ガーデン街道ツアーも企画しました。みんなで連携し発信すれば、きちんと集客できることが証明されたんです。

その経験が十勝サウナ協議会につながりました。サウナパスポートを作り、地元のサウナをお値打ち価格でめぐってもらおうという狙いは当たり、若い方もたくさん来てくれるようになったんです。

現在は、十勝だけでなく北海道全体のサウナ振興につながればと、根室振興局にある羅臼町にアドバイスをしたりしています。『日本サウナ史』を上梓された草彅洋平さんが、日本のサウナの発祥は18世紀末の根室だということを突き止めてくれました。フィンランド人を父に持つアダム・ラクスマンが大黒屋光太夫（注：江戸時代後期、伊勢から江戸へ向かう途中、嵐に遭いロシアに漂着した日本人）を連れてロシアから来日し、根室に係留している船の岸辺にスモークサウナ小屋を建てたという史料が残っていたんです。

現在、釧路や弟子屈《てしかが》エリアと知床を十勝・旭川に結びつけ、街道のように北海道のサウナルートを広げていきたいと考えています。近年、移住者が急増している東川町には隈研吾さんの設計による眺望のいい温泉とサウナが予定されていますし、上富良野にはサウナの聖地「白銀荘」が、新得町

の屈足湖には「アヴァント」があり、また、アイヌの水の聖地である十勝清水町でもサウナ施設を計画しています。そして、「北こぶし知床 ホテル&リゾート」は流氷が見えるサウナに改装、２０２１年のサウナシュランでは2位を獲得。

自然も食も人も、都会にはない良質なものがここには揃っているんです。「北海道のサウナツアーに行ったら元気になったからまた行きたいね！」って言われるようになったら最高だなって。

動物園とサウナを合体したい！

いま、私には大きな夢があって。10年後ぐらいには動物園リゾートの開設と運営をしたいと考えているんです。以前調査したところ、オーストラリアなどオセアニアエリアの重要な観光資源は動物園なんです。年間60万人が来場するオーストラリア動物園はめっちゃ楽しいんですよ。ショーがあって、接客もフレンドリーで、飲食もしっかりして、エンターテインメントとして確立されている。また、キャンベラ動物園には宿泊施設があり、客室窓からライオンを見られたり、朝起きたら2階の部屋からキリンに餌をあげられたりする。

実はホテルと動物園ってめちゃくちゃ相性がいい。ホテルのチェックインからチェックアウトまでの時間は、だいたい動物園の休園時間ですから、24時間フルに活用できる。夜行性の動物も多いですし。帯広にも動物園があるので、新しいスタイルで高付加価値ウェディングやレストランもできるかもしれないなって。

そして、そこには当然サウナも作ります。動物園とサウナ、めちゃくちゃ合うと思うんです。サウナ室から動物たちの生態を観察したり、向こう側ではサルが温泉に入っていて目が合ったり。誰もやらなそうなことだからこそ、やりたいんです。

森のスパリゾート
北海道ホテル

ととのいを誘う露天スペース。

㊟北海道帯広市西7条南19-1
☎0155-21-0001
㊔5：30～9：30（最終受付9：00）、
14：00～21：00
㊡無休　㊫¥1,300 ～
宿泊可　食事処あり
www.hokkaidohotel.co.jp

9つのサウナと4つの水風呂が

サイコー！

渋谷サウナス

（東京都渋谷区）

サウナ大使プロデュースのサウナが渋谷に誕生

タナカカツキ。ナンセンスギャグマンガシリーズ『バカドリル』（天久聖一との共著）やカプセルトイフィギュアの『コップのフチ子』、あるいは水草水槽にのめり込むマンガ家（タナカカツキ自身）の様を描いた『部屋へ!』。ポップさの中に狂気と笑いを表現する孤高のアーティスト。1990年代から2020年代のいまに至るまで、僕らは彼の表現に圧倒され続けてきた。

2011年、パルコ出版からエッセイ『サ道』が出版されたとき、当然速攻で手に入れたのだが、サウナで「道」を説いたり、突発性難聴になったりするそのハイブロウすぎる内容に圧倒され、この人はすごいレベルに到達してしまったと不安を覚えるほど驚いた。僕はといえば、この頃は後楽園の「ラクーア」がホームサウナだったが、まだ「ととのい」の境地には至っていなかった。

僕はサブカル学生の気分のままテレビ局に入った。しかしマスメディアという言葉が示すように、テレビは当然大衆のもの。ちょっと考えればわかることが、その頃の僕にはまったくわかっていなかった。

いとうせいこうやシティボーイズなどが登場するフジテレビの深夜番組にゴ

建築中のサウナスをタナカと視察。自慢の水風呂に入ってみる。

タナカカカツキ総合プロデュースの「渋谷サウナス」がオープン。

『マンガ サ道』の作者でありサウナ大使のタナカカツキ。

撮影：平松市聖

リゴリに影響を受けていた僕は、演歌や情報バラエティのＡＤとして働く日々の中、完全に夢破れて荒んでいた。たまの休みには近くのラクーアへ行き、デロデロになったあとは家でＤＶＤをかけっぱなしにしながらぼーっとすることでストレスを発散していた。いま思うと完全にどうかしていた。そのヘビールーティンのＤＶＤのいくつかはカツキさん作の映像作品だった。

とはいえ、僕はなんとか大好きなサブカル的要素を自分の仕事に生かせないかと常に模索していた。そんなある日、転機がやってくる。深夜のバラエティ番組にアシスタントプロデューサーとしてつくことになった。タイトルは『やりにげコージー』。今田耕司、東野幸治、千原兄弟のバラエティ番組で、後に『やりすぎコージー』と名前を変え「やりすぎ都市伝説」など名物企画を生み出す番組である。当時は独自目線のゲストを呼びトークをするという、『11ＰＭ』や『ゲバゲバ90分』のような昭和テイストのある番組だった。僕は思った。「このチャンスを生かさずにどうする」。僕ははやる気持ちを抑えながら、タイトルやコーナーロゴなどのアートワークをタナカカツキさんにやってもらうのはどうか、と会議で提案した。ポップで少し懐かしく笑える感じ、それを描けるのはカツキさんしかいないと思ったのだ。

そして僕は、憧れのタナカカツキさんにメールを出し、快諾をいただいた。後日送られてきた『やりにげコージー』のロゴはゲバゲバ感があって最高だっ

9つのサウナと4つの水風呂。サウナはすべてロウリュが可能。

「池」と「森」のゾーンがあり男女の使用エリアを毎日交替。

タナカによるイメージ画。サウナスは都会の森林浴がテーマ。

た。その後、番組で話題になった「ほっしゃん鼻うどん映像上映会」というファン感謝イベントを渋谷のシネクイントで開催、カツキさんも観に来てくれた。あの頃の深夜番組には変な熱さがあったと思う。

それから幾星霜。僕は15年ぶりに「スカイスパ」の食堂で長島翔監督とともにプロデューサーと原作者という立場でカツキさんと再会、ドラマ『サ道』を作ることになる。以後、カツキさんと交流が深まり、サウナにご一緒させてもらうことが多くなった。なかでも思い出深かったのが、「神戸サウナ」でカツキさんの弟さんとお会いしたこと。家業のコスメ商社を営む弟さん曰く、「兄はなんでも苦労せず、軽々とそつなくこなすので、正直腹立たしいときがある」と。それを聞いて否定するでもなく「まぁ、そうやねー」と飄々と返すカツキさん。この兄弟のやりとりを見ていて、やっぱりこの人はすごい人だなと思った。

いまやカツキさんの漫画原作は6巻、ドラマも特番3本と2シーズンと続く息の長い作品となった『サ道』。僕らも予想だにしないほどサウナは社会現象と化し、サウナ大使としてのカツキさんは新たなるステージへと旅立った。「サウナプロデュース」である。渋谷の一等地に天才アーティストがプロデュースするサウナができる！　と思うと居ても立ってもいられない。

２０２２年9月、12月オープンを目指し絶賛工事中の「渋谷サウナス」を訪れた。それは鬼才タナカカツキの夢が詰まった、波乱万蒸のサウナだった。

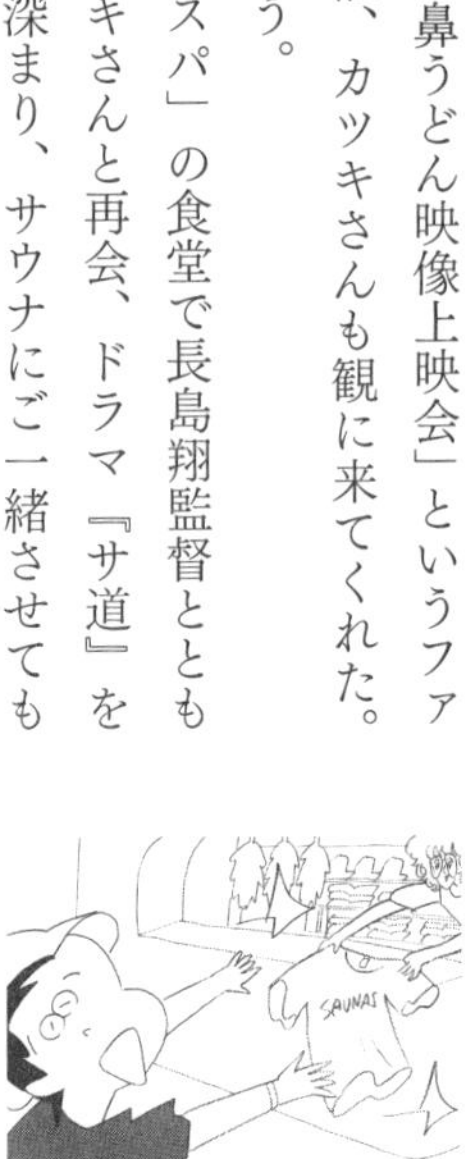

サウナスではサウナグッズも販売。Tシャツなども。

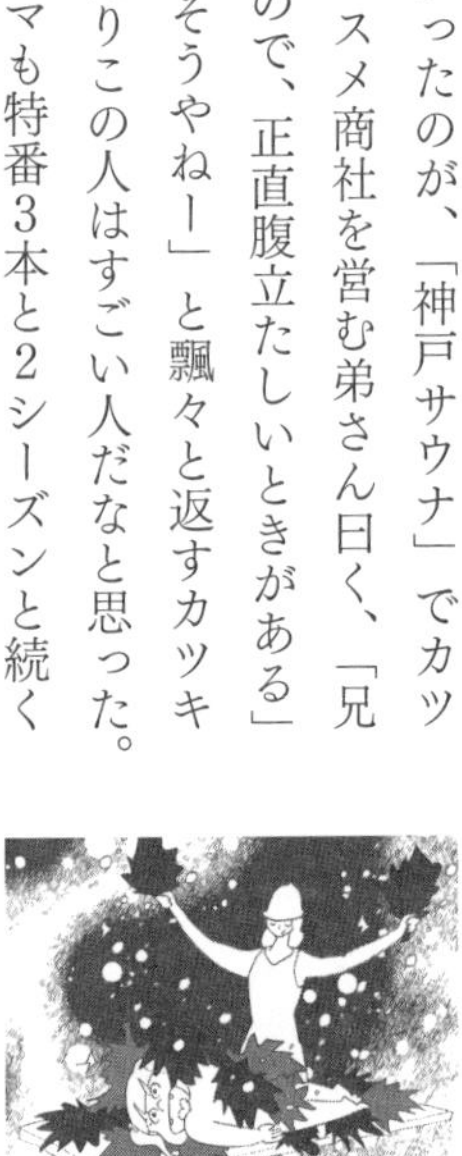
植物にまみれて「ととのう」ウィスキング専用サウナもある。

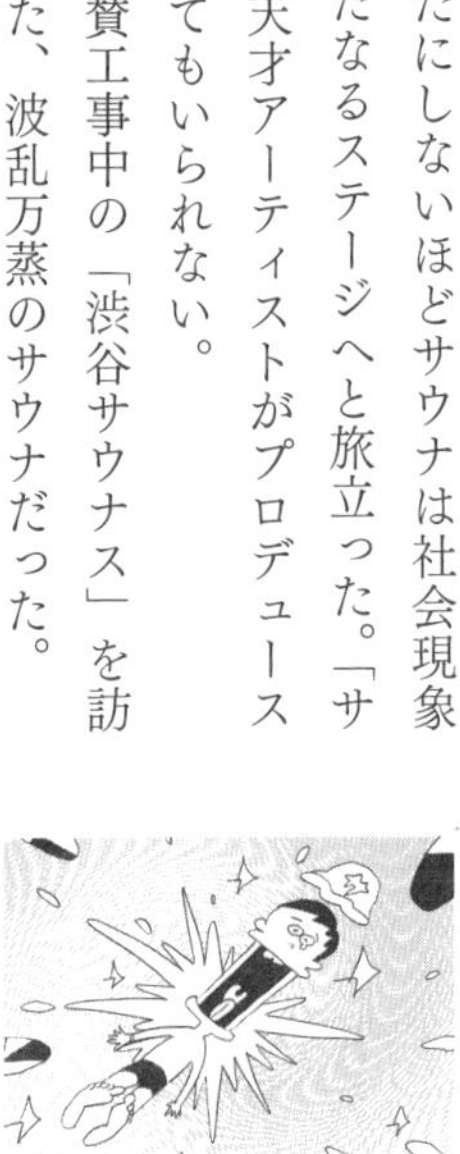
好きなことに夢中になりそれを流行らせるタナカカツキは奇才。

天才アーティストがサイコーサウナをプロデュースするまで

タナカカツキの波乱万蒸

古屋君がきっかけです。TOYOKE《トヨーク》の代表・古屋蔵人君。彼とは昔からの友達で。TOYOKEは温浴施設の企画・プロデュースの会社なんですが、彼はもともとMVとかテレビ番組のタイトルバックとか、そういった映像制作の仕事をやっていて。知り合ってかれこれ20年以上になりますかね。彼が学生だった頃から知ってるんです。一緒にいろんなところを旅行して。海外では彼が交通事故を起こしかけて、殺されかけたこともありましたけれども（笑）。まあ、そういう仲なんですよ。もちろん、サウナ仲間でもあるんです。僕が『マンガ サ道』の連載を始めた頃にはすでに一緒にいろんなサウナに行ってましたから。

そのうち、古屋君は、サウナの企画やプロモーションなんかを手がけるようになり、そして今回、「渋谷サウナス」を作ることが決まり、声をかけてくれたんです。一緒にやりませんかと。

初プロデュースで夢を詰め込む

サウナスは、渋谷駅の南側にある桜丘町、さくら坂沿いにあります。僕は以前、代官山に住んでましたから、渋谷駅へ行くとき帰るとき、毎日通っていたんです。そんな親しみのある場所にできるので引き受けようと思ったんです。便利な場所にあるからしょっちゅう行けるのもいいなって。あと渋谷ってね、これだけたくさんの人が集まる街なのにサウナ空白地帯なんですよ。でも、もともとは、日本におけるフィンランド式サウナ発祥

の地。日本のサウナは1964年の東京オリンピックをきっかけに広まりましたけども、ドライサウナではなく、湿度で温まるタイプのフィンランド式は、実は渋谷が最初。「スカンジナビアクラブ」というサウナが、東急プラザ（現・渋谷フクラス）の裏手にあったんです。立ち上げメンバーは中山眞喜男さんをはじめとする日本サウナ・スパ協会の重鎮たち。第1次サウナブームを作った人たちなんです。渋谷はサウナ「ゆかりの地」である、というのも大きかったですね。

表立って「総合プロデュース」というポジションに立つのは初めて。だから、「夢」を詰め込みました。こうだったらいいなという思いをぶつけて。いままでも、さまざまなサウナ施設にいろんな提案をさせていただくことはありましたが、古い施設だったりすると、企画を出してもなかなか上で承認してくれない。前例のないことをみなさんあんまりやりたがらないんです。例えば、アウフグース。いまはどこでもやるんですが、ちょっと前まではなかなか受け入れられなかった。地元に愛される古い施設であればあるほど、変わらないし、変えられない。そのままの姿をキープしたい気持ちはよくわかるんです。とはいえ、利用者がどんどん変わってきているのが近年の状況。これまでのサウナ観が刷新されている途中なんです。ここのサウナ、テレビをなくせば良くなるのにとか、そういうところがいっぱいあるわけです。天井が高すぎるなとか、〝ととのい椅子〟を置いてくれればいいのにとか。そんなちょっとしたことでサウナの質は上がりますし、客の入りも全然変わる。そこでサウナスでは「こういうのやろうよ」っていうことをそのまま実現したわけです。だからここには夢しかない（笑）。

とにかく、限界に挑戦しようということで、いろんなタイプのサウナを作りました。9種類。もちろん、夢なんて無限に出てくるわけで、それを

全部叶えるのはもちろん無理。ここはそんなに広い施設ではないし、構造上できないこともいろいろある。だから９つは勝ち残った精鋭たち。すべてロウリュができるサウナで、立ち枯れたフィンランドパインを使ったケロサウナがあったり、暗闇のサウナがあったり、素晴らしい音楽が聴けるサウンドサウナがあったり、ヴィヒタだらけのサウナがあったり。そして、水風呂は４種類。深めのものもあったり、寝そべったりできるものもあったり。湯船はひとつもありません（笑）。

サウナスは五感で楽しむサウナです

サウナがブームだと言われていますが、いまは、サウナの入り方がなんとなく普及したかな、という時代だと思うんです。僕の『マンガ サ道』もその一助になったとは思いますが、それがドラマ化され映像となってお茶の間に流れた影響は大きく、サウナの中でロウリュをしてその湿度で温まっている姿や、水風呂に入る姿、外気浴をする姿をみなさんが観て、ようやく理解されるようになったんです。「ととのう」とは、サウナ→水風呂→外気浴というサイクルを繰り返すことで、副交感神経、交感神経を交互に刺激し自律神経を整えていくことなんだなと。あのドラマは「新しい楽しみ」をみなさんに教えたと思うんです。もちろん、サウナにはすごく古い歴史があるし、日本では高度経済成長とともに働く男たちに寄り添ってきた歴史もある。でも、「ととのう」という新たな視点が掘り起こされたことで、現代の若い世代に浸透したと思うんです。しかも、男性だけでなく、女性にも響いた。日本のサウナがようやく変わり始めてきた、いまはそんな時点かなって。

ただ、日本のサウナって、テレビのあるサウナばっかりなんですよ。それは、昭和の健康ランドブームから発生した、要は〝レジャーとしてのサ

ウナ〟が広がった経緯があるからなんです。だから仕事終わりに体を休めたいと思ってサウナへ行っても、テレビで陰鬱な事件のニュースが流れてきたりする。やっぱり、テレビが点いていたり、明るい照明だったりすると、交感神経が立ち上がりっぱなしになるので、それだとなかなか自律神経が整わない。リラックスどころじゃなくなるんです。でも、サウナの入り方が浸透するに従い、だんだんみんなわかってきた。テレビはいらない。静かなサウナでリラックスをしたいんだと。

なので、私たちは完全な休息ができる、レストのサウナを徹底的にやることにしました。照明はできるだけ暗く、森の香り、自然の音、静かな音楽、食べ物は体に優しいビーガンフード。五感で楽しむことに特化したサウナをテーマにしたんです。だから湯船はなく、水風呂だけだし、植栽だらけ。ただ、アウフグースはあります。タオルであおいで熱波を浴びることで交感神経を立ち上げ、アドレナリンを出す方向で血流を促進させる。「静」とは正反対のリラックス方法ですが、これもサウナの楽しみのひとつ。テレビを置くのとはまったく違うレジャーとしてのサウナのあり方。ショーとして楽しむこともできますから。

自然の音を体で聴いてリセット

目指したのは森林浴です。都会のサウナって、日本の場合、植物を全然使わない場所が多いんです。植物を使わないサウナは世界的にまれ。本来のサウナは、湖畔や河原にあるもので、蒸されて汗をかいたら川や湖でクールダウンするのが基本。でも、川や湖のない街中でも森林浴を簡易的にやりたい、だから水風呂に浸かる、ハーブやヴィヒタなどの植物を多用しできるだけ森林浴に近い環境を作る、それがヨーロッパのサウナの考え方。ですから、私たちのサウナもなるべく森林浴に近

づけようと考えたんです。

　そのためには植物に囲まれることもそうですが、音にもこだわりました。やっぱり、都会の音、例えば、車、電車、選挙カーの音、サイレンの音、そういった人工的な音に実はすごくストレスを感じているんです。本来、自然の音を聴き、自然のリズムと同調することでリラックスするように人間の体はできている。もちろん、人工的な音に慣れるということはあるんです。ただ、自覚しないところで疲労はどんどん蓄積され、それによって脳が疲れてしまう。いわゆる脳疲労といわれるものです。原因不明の体調不良は脳疲労からきているのではないか、といわれているんです。

　ですから、人工音の中で無自覚のままストレスを溜めてしまっている人たちに、自然の音の気持ちよさをサウナスで提供できたらいいなと。ただ、渋谷の街中で森林の音は難しい。そこで、自然の音と同じような周波数の音楽を流すのはどうだろうと。サウナに対応できるスピーカーごとちゃんと作って、気持ちいい音を流そうと。そういうことでできたのが、サウンドサウナ。音楽はドラマ『サ道』でもお馴染み、とくさしけんごさんに作ってもらったんです。やっぱり、サウナって、スマホを置き、服も全部脱いで、肩書きのない裸の人間になることがいちばん大事。そして、熱さ冷たさを感じながら、耳だけじゃなく体全部で音を聴く、というのがサウナ室ならではの特典だと思うんです。だって、コンサートホールに行って素っ裸で音楽は聴けないでしょ（笑）。

　皮膚ってやっぱり音を感じるらしいんです。だから、森の中でなぜ癒されるのかというと、音の効果があるからだと。つまり倍音です。耳では聴こえない周波数を皮膚が聴くことにより人間の生理機能はすごく安定すると。それをサウナで実現してみたいと思ったんです。

　やっぱり、人間を本来の姿に戻すことがリラッ

クスにつながると僕は思うんです。対自然で人間の生理機能はできているので。20世紀以降ですよね、こんなに人工音に囲まれて生活するようになったのは。それまではほとんど森や山の音を聴いてきたわけですから。光もそう。24時間光を浴びる生活をするようになったのは20世紀以降。ですから、ほんの数時間でいいから人間が元いた状態に戻したい。なにより自分自身がガッツリ都市生活者ですから、魅力あるサウナ施設といえば、やっぱり「休息」に特化したサウナなんです。

衝撃のウィスキング体験

サウナスではウィスキングを推していきたいんですよ。アウフグースの次に注目されるのはウィスキングだと思っていて。ウィスキングはバルト三国、エストニア、ラトビア、リトアニアで盛んに行われているんですが、僕は、２０１４年、リトアニアで初めて体験したんです。これがもう、本当に衝撃。ウィスキングとはなにか、一言でいうと植物療法なんです。何千年の歴史を持つ民間療法ですが、それを極めていくと結局サウナになっちゃったという。要は、植物の有効成分を抽出し、それを小屋の中に充満させ、その蒸気を吸引することで体内に取り込み、血のめぐりを良くする、という施術ですが、成分がいちばん出るのがサウナの温度と湿度と同じなんです。すると体は熱を持って発汗し、成分をめぐらせるためにもクールダウンが必要になる。それを何度も繰り返すんです。ね、サウナと同じでしょう（笑）。つまり、植物の力を使って私たちの生理機能を元に戻す、それがウィスキングなんです。

ウィスキングルームではまずカウンセリングから入るんです。いま自分の体にはどんな不調があるのか、例えば、寝付きが悪いとか、肌の調子が気になるとか、おなかの調子がとか。それぞれ体

の具合は違いますから、その人がどんな問題を抱えているかを聞き取り、それに合った植物を選ぶ。冷え症だったらこの植物、とか。ウィスキングの施術者は植物に関する膨大な知識が必要となるので、ヨーロッパではしかるべき資格を取得したマイスターが行うんです。

僕がリトアニアで体験したのはだいたい4時間ぐらいのセッションでした。植物を体に押しつけたり、叩いたり、投げつけたり（笑）。スクラブやマッサージもあります。そういったことを休憩を挟みながらやるんです。1幕、2幕、3幕と、シーンによって使う植物も施術も変わっていく。森の春夏秋冬を体験させる感じというか。そして最後は葉っぱの嵐で盛り上がって終わるんですよ。なんでしょうね、神事に近い感じはあります。暗がりの密室でマイスターと1対1なので、ちょっとトランスしてしまうし、サウナと同じように交感神経と副交感神経がものすごく揺れ動きますし。あとやっぱり、メンタルがかなりくるんですよ。心が解放されて涙が止まらなくなる人もいる。かなりヤバいです（笑）。

いま日本にはウィスキングマイスターはそんなにいませんから、今後増えていったらいいなあと。日本サウナ・スパ協会と一緒に資格制度を今年（2022年）作ったんです。リトアニアから講師を招き、いままさに勉強を始めているところ。サウナスでも来年春頃から本格始動したいと考えています。ちなみに、日本って植物大国なんですよ。ヨーロッパのマイスターが日本にくるとすごくうらやましがる。現地では手に入らない植物がどこにでも自生していることに驚いて。日本って四季があるし、南北に長いですから、亜熱帯から亜寒帯までさまざまな植物がそろうんです。実は僕らの国って、森林の国であり植物の国だということを、サウナを通して僕は改めて実感しましたし、みなさんにも知ってもらいたいんです。

現代人はもっと怠けるべきです

人間にとっての遊びや文化って、映画、音楽、小説、アート、ゲーム、そういった知性をともなうものであるべきだと、僕も含めてみんなそう思っていたんです。でもIT革命以後、それはもう本当に多くなったたし、頭を使うエンターテインメントがあふれすぎてしまったと思うんです。それで心も体も悲鳴をあげてきている、トゥーマッチだと。それが現代の状況なんじゃないかなって。

やっぱり、サブスクなんかで手軽に手に入るようになったはいいけれど、気休めにはなっても休息にはならない。それを観ているときの脳って、実は仕事をしているときと同じ状態らしいんです。仕事で脳を使った後、映画を観るときも脳を使うわけですから、結局、一日中脳疲労がとれなくなってしまう。もちろん、ライブへ行ったりして音楽に浸るのは気持ちがいいし、体を動かすと血流も良くなります。でも、交感神経が立ち上がりっぱなしのままでいると、結局疲れが出てきてしまう。ほら、たまの休みだからといって、土日祭日は温泉にでもと思って、行って帰ってきたらよけいに疲れる、ということがあるじゃないですか。それだとやっぱり休息になってないんです。

だから、そういったものを強制的にスイッチオフにできるところがサウナだと僕は思っているし、サウナスはそういう施設でありたいと。脳も体もちゃんと休んでリセットする場所。

現代人は、もっと怠けたほうがいいと思うんですよ。僕は昔から怠け者なんでね（笑）。ホント、すぐ疲れちゃうんで、昔からなにかというと休んでたんです。公園でぼーっとするとか。そういう休息の場で見つけたのがサウナだったんです。サウナを好きになってからというもの、僕の人生、休みっぱなしなんですけどね（笑）。

渋谷サウナス

㊟東京都渋谷区桜丘町18-9
㊪8:00〜24:00　㊡無休
㊮平日¥3,080〜、土日祝¥3,850〜
食事処あり
https://saunas-saunas.com

2022年12月23日にオープン。渋谷の新たな名所がさくら坂に。

撮影：釜谷洋史

ドラマ『サ道』出演者が語る〝裸のコミュニケーション〟

原田泰造×三宅弘城×磯村勇斗×長島翔×五箇公貴

いそむらはやと／1992年、静岡県出身。近年の代表作に映画『PLAN 75』『ビリーバーズ』『異動辞令は音楽隊！』（2022）など。ドラマ『サ道』出演をきっかけにサウナが大好きに。

みやけひろき／1968年、神奈川県出身。1988年より「劇団健康」（現：ナイロン100℃）に参加し、主要メンバーとして活躍。舞台、映画、ドラマなど幅広く活動中。趣味はサウナめぐり。

はらだたいぞう／1970年、東京都出身。名倉潤、堀内健とともにお笑いトリオ「ネプチューン」のメンバーとして活動するかたわら、俳優としてもドラマや映画など数多くの作品に出演している。

ながしましょう／1982年、山口県出身。株式会社イースト・ファクトリー所属。ドラマ『サ道』シリーズの演出をすべて担当。ドラマ、ドキュメンタリー、MVなどさまざまな映像を手がける。

ごかきみたか／1975年、東京都出身。プロデューサー。代表作にドラマ『サ道』『電影少女』『湯けむりスナイパー』、映画『舟を編む』『ゴッドタン・キス我慢選手権』など。鉄鋼会社㈱ゴカとエンタメ会社㈱maroyakaの代表取締役。

昨今のサウナブームを巻き起こす一因となったドラマ『サ道』。撮影現場である上野の「サウナ北欧」を訪れ、ナカタアツロウを演じる原田泰造さん、偶然さんを演じる三宅弘城さん、イケメン蒸し男を演じる磯村勇斗さん3人のメインキャストと、長島翔監督、プロデューサーであり文春オンラインで『サウナ人生、波乱万蒸。』を連載した五箇公貴さんを交え、ドラマの撮影秘話からそれぞれのサウナへのこだわりなど、サウナトークを行いました。（『文春オンライン』掲載の記事（2021年8月27日公開）を一部改変して再録しています）

「あっ、これ気持ちいい！」と
サウナにハマった

五箇　『サ道』はサウナ好きの人たちで作ろうというアイデアがスタッフ間であって。役者さんはもちろん、監督、脚本、音楽をはじめ制作スタッフ全員をサウナ好きで固めようと。でも、磯村君に関しては、サウナは初心者だった。

磯村　そうです。僕はそれこそ『サ道』のシーズン1からなんです。それまでは、むしろ水風呂が苦手で入らなかったクチ。でも、『サ道』に出演するにあたって「ととのう」ってどういう世界なのかを知りたいと思い、無理矢理、強引に入るようになって。そこから、「あっ、これ気持ちいい！」とハマっていきました。というか、ハマりやすかったんだろうと思うんです。もともとスーパー銭湯とか温泉とかが好きだったので。

五箇　そうそう、それを磯村君のインスタかツイッターで見たんです。ああ、お風呂好きなんだなって。それで長島監督やスタッフとも話して。

長島　磯村君は男性からも好感を持たれそうだなというのが決め手でした。

五箇　温泉好きっていうのは、出身地と関係があったりする？

磯村　静岡の沼津出身なんですけれど、どうですかね(笑)。まあ、子供の頃から家族と日帰り温泉に結構行ってたんで、わりと日常的ではあったかも。

原田　磯村君、そこからがすごいもん。磯村君にサウナを教えてもらった若手俳優がどんどん出てきて。派閥ができるぐらい。サウナ王だもの（笑）。

磯村　そんなそんな（笑）。原田さんと三宅さん、２人の師匠に恵まれましたから。
長島　すごい英才教育ですよね。
三宅　サウナがどこにあるか教えただけですけどね。「あそこの撮影スタジオの近くにはここがあるよ」とか（笑）。

出演者3人は「突然裸の付き合いから始まった（笑）」

原田　そういえばさ、３人で錦糸町の「ニューウイング」に行ったよね、シーズン１の撮影が終わった頃。
磯村　行きましたね。撮影でもなんでもなくプライベートで。
三宅　「ニューウイングにだいたい何時ぐらい目安で集合ね」って、それぞれわらわらと集まって。
五箇　「ニューウイング」はシーズン１で出てきたサウナですが、ドラマでは原田さんしか行ってないですもんね。
三宅　あとまあ、３人で親睦会をしようってなったときに、ちょうどいいかなって。
五箇　突然裸の付き合いから始まった（笑）。
三宅　それがサウナなんですよ。いきなり裸でも違和感なく話せたり付き合えたりするのがサウナの良いところ。
原田　しかも、僕と三宅さんは同世代だけど、磯村君はひとり20代の若者。でも、喋っててまったく違和感がないんだよね。若いという感じもしないの。失礼なのかもしれないけど（笑）。
磯村　いえいえ、そう言っていただけるとうれしいです。
三宅　ドラマの役柄もそうだもん。「蒸し男くん」は浮ついたところが全然ない。

サウナはいい感じの温度でコミュニケーションがとれる

磯村　やっぱり、「サウナ」という共通のテーマがあるので、自然と打ち解けていったように思います。これが全然違う現場だったりすると、大先輩となにから話せばいいだろうって、結構手探りになっちゃうところは正直あるんです。
三宅　確かに、サウナというのはデカいよね。
五箇　僕もプロデューサーとして、事前にいろいろ調べ

て、この人なにが好きだからなにを差入れしようとか、この話題をちょっと合間にふったらいいんじゃないかとか、一応考えたりするんですが、良いときもあれば、裏目に出ちゃうときもあって。それがサウナだとホントにちょうどいい。いい感じの温度でコミュニケーションがとれるというのはあります。

原田　『サ道２０２１』の第2話「黄金湯」のとき、僕が取引先の社長に怒られるシーンがあって。その社長を演じた役者さんが「サウナに入ったことがない」と言ってて。で、その撮影が終わって、パッとサウナに入ったら、五箇さんとその役者さんが一緒に入ってた（笑）。「ラクーア」で。あ、デビューさせたんだな、いいコミュニケーションだなって。

五箇　小林竜樹さんという役者さん。彼とは以前仕事したことがあったので「サウナ行くの？」って聞いたら、「行かない」って言うから、「じゃあ帰りに入ってく？」って。

三宅　えっ？　そのとき、たまたま泰造君もラクーアに行ったってことなの？

原田　いや、僕はラクーアで撮影だったの。第1話の撮影で。

五箇　撮影効率などを考えると合体できるシーンは一緒に撮ったりすることもあるんで、泰造さんが第2話の冒頭で怒られるシーンはラクーアの会議室をお借りして撮っていたんです（笑）。

三宅・磯村　な～るほど～（笑）。

サウナ歴は30年、『マンガ サ道』の作者にサウナを勧めた

五箇　三宅さんはサウナ歴どのくらいになります？

三宅　もう30年になっちゃいましたね。

磯村　うわ、長い！

三宅　磯村君が生まれる前からですよ（笑）。22歳、23歳ぐらいだったんです、「サ道」に入ったのは。大学を卒業して、しばらく友達んちのアパートで半分居候のような生活をしてたんです。それでそこの近くにサウナ料金なしで入れる銭湯があって。ほぼ毎日のように入ってました。

五箇　どの辺りですか？　都内ですか？

三宅　葛飾区です。当時の葛飾は銭湯がたくさんあった

んです。でもボンボン潰れていっちゃって。

五箇　立石ですか。

三宅　立石と青戸。今日の気分であそこ行こう、ここ行こうって。でも、もちろんその頃は『サ道』なんてなかったですから、諸先輩方の姿を見て、「わあ、水風呂入るんだあ〜」「うわ、躊躇なく入ってるわ〜」って。

五箇　「蒸しZ（宅麻伸）」的な先輩方（笑）。

三宅　そう、蒸しZのような人の背中を見つつ。当時は、「水風呂が主役」という言葉はなかったですけど、「なるほど、水風呂が気持ちいいからサウナに入るんだな」と感覚的にわかった。「ああ、これ。このなんかジンジンする感じ、いい！」って。いま考えれば「ととのって」たんでしょうね。

原田　『マンガ サ道』の作者・タナカカツキさんが、三宅さんのことを、「あの人は僕より全然先にサウナでととのってた」って言ってたもん。

三宅　まあ、そうですね。

全員　あははは（笑）。

五箇　カツキさんにサウナを勧めたのは三宅さんでしたよね。

三宅　昔、カツキさんと一緒に何人かで奥多摩へ遊びに行ったことがあって。帰りに日帰り温泉があったんで、寄ったんです。で、風呂にサウナがあって。カツキさんに「入ろうよ」って言ったら、「いや、俺はいい」って。それで僕、ひとりで温冷交代浴みたいなことをしてたら、「あの人はバカなんじゃないかと思った」って（笑）。

五箇　いまじゃ「サウナ大使」なのに（笑）。

原田　すごいなあ！　そこから大使に上り詰めたんだもんなあ〜。

三宅　で、ずいぶん経って。いまは無き横須賀の「サウナトーホー」で、タナカカツキ著『サ道』という本がリラックスルームに置いてあって、「あれっ？　カツキさんがサウナについて語ってる!?」って。

全員　へー！

三宅　だから、『サ道』の「偶然さん」にキャスティングしていただいたのは、もう本当にうれしかった。なによりもうれしかったかも。

五箇　30年も歴があるのに、キャスティングされなかったら、一生恨み続けますよね（笑）。

三宅さんだって聞いたときは
「ああ、そうだよね」って

三宅　かもしれないですね（笑）。いや、でもなあ、僕じゃない人がやっててもいいドラマだし、サウナは憎めないな。この30年、いろいろ引っ越したりもしましたが、引っ越した先の近所にサウナ付き銭湯があったり、比較的いい施設があったりするんです。それ目当てで引っ越してるわけでもなく、まったく意識してないのに。

磯村　サウナに迎え入れられてますね。

三宅　泰造君とバッタリ会ったこともあるもんね。

原田　うん。何回かある。

三宅　ていうか、『サ道』以前から会ってたもん。

磯村　へえ〜！

原田　そうそう。まだ、このドラマの話なんて全然ない頃。三宅さんとは大河ドラマ『篤姫』で1回共演して。その後だったかな、「マルシンスパ」に夜中行って、ひとりでサウナに入ってたら、もうひとり入ってきて。サウナ入ってるときって、あんまり人の顔を見ないんだけど、その人がシューッシューってオーラのようなものを発しているのを感じて。それでジーッと見てみたら三宅さんだった。もう、びっくりして。

三宅　なんか出ちゃってたんですね（笑）。

原田　で、三宅さん、そのとき言ったの、僕に。「カツキさんに会ったことある？」って。「ないです」って言ったら、「今度サウナで会ったら声かけてみた方がいいよ」って。

五箇　すごいなあ。『篤姫』の頃って、それもう10年以上前ですよね。

原田　そんな前かあ。だから、偶然さんが三宅さんだって聞いたときはすごく納得した。「ああ、そうだよね」って。

三宅　それでこのドラマに入ってからも2回ぐらい会って。

原田　偶然、偶然（笑）。

三宅　磯村君とも2回くらい会ってる。

磯村　偶然、偶然（笑）。

三宅　僕が入ろうと思ったら、奥の方で水飲んでて。距離があったけど、すぐわかった（笑）。

磯村　あれってなんでですかね。知り合いは後ろ姿でも

すぐわかる。
五箇　いい話ですね～。磯村君がちゃんと先輩たちの薫陶を受けてる感じがすごくいいですね（笑）。
原田　うれしいよねえ。三宅さんが静岡に行くお仕事があったときに、磯村君に「静岡のいいサウナ教えて」って聞いて、磯村君、「ここは絶対いい」ってところを三宅さんに教えたんだよね。
磯村　お伝えしました。
三宅　で、僕、行ったのよ。「来たよ」って磯村君にLINEして。すっごい良かった。東名の沼津インターからすぐで。
五箇　なんていうところです？
三宅　「坂口屋」。屋上にサウナ小屋と、ジャグジーと、水風呂があって。かけ流しの温泉でね。だってもう、屋上から駿河湾の街並みが見えるんですよ。
磯村　うちの地元のお風呂を褒めてもらえると、なんかうれしいなあ（笑）。
三宅　あの辺はやっぱり水がいいよね、まろやかで。

サウナは大人の世界への憧れから

五箇　泰造さんもハタチぐらいからでしたよね、サウナを覚えたのは。
原田　そう。だから、僕も歴は三宅さんと一緒ぐらい。子供の頃から大人がサウナに入っているのを見ていいなと。単純に大人の世界への憧れですね、最初は。タバコ吸って、お酒飲んで、サウナに入るっていう、そういうのがカッコよく見えてたんです、あの頃は。
五箇　ザ・昭和の男たち。
原田　楽しそうに見えたんです、サウナに入る大人たちが。それで、実家が東村山なんで、久米川にあったサウナ「菊水」とか、埼玉・所沢のスーパー銭湯とか。あと、「グリーンプラザ新宿」とか。菊水もグリーンプラザももう閉館しましたけど。
五箇　水商売の人や会社の社長、裏稼業の人が多いことで有名でしたよね、グリーンプラザ。
原田　それが楽しいの。いろんな人がいるんだなあって。お金があるときは、アカスリもやるんだけど、それもま

た気持ちよくて。

五箇　サウナ王こと太田広さんが言ってたんですけど、あの方も若い頃にグリーンプラザでサウナを覚えたそうで、やっぱりお金がたまるとアカスリをやってたそうです。「自分へのご褒美」で。

原田　そういえば昔ってさ、サウナから出てきたらそのままドボーンッて水風呂に入ってたじゃない、みんな。汗も流さず。いまはマナー違反だからそんなことは絶対にしないんだけど、それはそれですっげー気持ちよくて。だって、大の大人がどんどん水風呂に倒れ込んでいくんだもの。

磯村　みんな白目になって（笑）。

原田　そう。それでなかなか浮かんでこない。それを見て、僕も水風呂に入ってみた、最初は。これをやったら絶対気持ちいいんだろうなって。

『サ道』を読んでからサウナのルールがわかった

五箇　やっぱり、サウナの入り方って、カツキさんの本が出てから認識しましたよね。

原田　ルールがわかった。「10分サウナで汗を出したら、水風呂に入って、10分休憩、それを3セット繰り返す」みたいなことは、カツキさんの『サ道』を読んでからですもん。それまでは、ただ蒸し焼きしてただけ（笑）。水風呂もあんまり入らず、ましてや、外気浴なんてしてなかったし。

五箇　「休憩」という概念は『サ道』以前は浸透してなかったですもんね。

原田　だって、カツキさん、三宅さんの誘いを断るぐらいだったのに、そこから「ルール」を導き出したって、すごいことですよ。

五箇　カツキさん、本にも書いてますけど、40歳になるまでサウナなんて入るもんじゃないと思ってたと。水風呂なんてもってのほかだと。

原田　監督はどうなんですか？　昔から好きでした？

長島　僕もカツキさんと一緒で苦手でした。温泉とか銭湯とかは大好きで、ほぼ毎週行ってたんです。でもサウナとか水風呂とかって意味がわからなかった。

磯村　わかります。僕もそうでした。

長島　それでも、なんとなくサウナには入るようには

なってたんです。単純に、汗をかくのは気持ちいいものだなって。ただ、水風呂は体質に合わない。そんなことをしたら心臓が止まっちゃうだろうと。で、7年ぐらい前だったかな。サウナ付きの銭湯へ行ったとき、サウナに入ったら、おじいさんが「水風呂に入るのかお前は」と。「いや入らないです」と言ったら、「足だけでもいいから、ちょっとずつ入ってみな」と。そこから水風呂というものを意識するようになって。でも、足から上はなかなか入れなくて。で、あるとき、意を決して全身浸かってみたら、なるほど、こういうことかと。そこからはもう一気にハマりました。

原田 水風呂体験はどこで?

長島 どこだったかなあ。「オリエンタル」だったかなあ。めちゃめちゃ冷たい! と思ったんですよね。

磯村 めちゃめちゃ冷たいです、あそこの水風呂は。

五箇 じゃあ、水風呂を覚えたのはカツキさんの『サ道』と出合う前ですか?

長島 前です。とにかく、サウナは水風呂が主役なんだなって、そのときに思いました。いまは外気浴が主役だと思ってますけど(笑)。

共演相手を車に乗せて木更津のサウナへ

五箇 今回、第3話に出演してくれた藤原季節君という役者さんは三宅チルドレンなんですよね。

三宅 チルドレンって(笑)。

磯村 そうなんです。季節君は僕が演じる蒸し男の幼なじみ・リョウ役で、一緒に河原でテントサウナをやったんですが、そのとき、「三宅さんからサウナを教えてもらった」って。

三宅 いやね、彼とドラマで共演したとき、空き時間があったんですよ。移動を含めて2、3時間余裕があった。そうなると僕はもうサウナじゃないですか。

全員 あはははは(笑)。

三宅 それで季節君も同じスケジュールだったので、「一緒に乗ってく?」って僕の車に乗せて。「俺はこれからサウナに行くけど、どう?」って言ったら、「一緒にいいですか」って。

原田 優しいなあ!

三宅　で、木更津のサウナに。
原田　でも、この人なに？　って思ったんじゃないですか？（笑）その日初めて会ったんでしょ？
三宅　そう、その日「はじめまして」。
磯村　すごいなあ。季節君、よく行ったなあ。
五箇　そしたらめっちゃハマったらしいです。
三宅　それで今回、磯村君の回に彼が出るって聞いて、なんかすごくうれしかった。ホント、弟子がデビューするみたいな気持ちで（笑）。
磯村　弟子デビュー（笑）。それは、三宅さんからの推薦があって、ということですか？
長島　たまたまなんです。脚本の根本ノンジさんが、以前一緒にお仕事されて、「サウナが好きって言ってたよ」って。ああ、じゃあ声をかけてみようか、と。よくよく聞いたら、三宅さんに連れていってもらってハマったと。

大河では敵対してる2人が
『サ道』では親友同士

原田　しかし、蒸し男くんの回、良かったなあ～。だって、「将軍と天狗党」だもんね。
磯村　そうです、そうです。大河ドラマ『青天を衝け』で共演してたんで。
原田　大河では、磯村君は将軍で、季節君はそれに反発する天狗党。敵対してる2人が『サ道』では親友同士で、テントサウナに入ってるんだもの。なんかもうニヤニヤしちゃった（笑）。
磯村　サウナは敵も味方もないんです。争いごとはありません（笑）。だから、季節君、めっちゃ喜んでました。「ホントにうれしい！」って、ずっと興奮してました。
長島　ちなみに、泰造さんはそういうサウナ初心者を誘ったりとかは？
原田　ないです（笑）。
長島　きっぱりと（笑）。
原田　ホント、ひとりで行く。だから、誰か誘ってってというのはないんだよなあ。するんと行って、するんと帰ってくる。
三宅　それぞれのペースでやりたいっていうのはあるし。だからもし一緒に行ったとしても、「じゃあ、1時間半後ぐらいにここで」とか、ルーズにしておいた方がいい

もんね。

同世代の共演者の人がいたら、サウナ行ってるかまず聞きます

五箇　磯村君は、どんなふうに俳優仲間を引き入れてるの？　伝道師として。

磯村　伝道師ではないですよ（笑）。でも、まあ、同世代の共演者の人がいたら、サウナ行ってるかどうかはまず聞きますよね。

五箇　まず聞くんだ（笑）。

磯村　それで、サウナが好きだったらとことんサウナの話ができるので、すごく仲良くなるし、知らなかったらサウナの魅力を押し付けがましくない程度に伝えて、興味を持ってもらえれば一緒に行く、ということですかね、やってるとしたら。

五箇　それを伝道師という。

全員　あははは（笑）。

原田　それでどういう人たちをサウナに引き入れたの？

磯村　鈴木伸之、杉野遥亮とか。サウナ好きになってくれましたね。

五箇　北村匠海君もそうなんでしょ？

磯村　匠海は元から大好きで。サウナ歴は僕より先輩です。仲野太賀なんですよ、匠海の師匠は。

全員　へえ〜！

磯村　太賀はサウナがめっちゃ好き。超大好き。

原田　そうなんだあ！

五箇　お父さん（中野英雄）も好きそう。

原田　しかし、若手俳優のサウナネットワーク、蒸し男くんがその一翼を担ってるんだ。すごいなあ。

磯村　最近は先輩にも聞くようにしていて。柳楽優弥さんにもおすすめしたんですけど、全然ハマってくれなかったです。

全員　あははは（笑）。

「思考の世界から感覚の世界へ」

原田　なんて言って誘うの？

磯村　「とにかく気持ちいいよ」って。「感じたことない世界に行けるよ」って。そういうギリギリワードを言う

と「それは面白そう」って乗ってきてくれるんです。

原田　蒸し男くんの台詞で、「思考の世界から感覚の世界へ」っていうのあったじゃない。

磯村　ありましたね。

原田　そういうことなんだよね。

三宅　でもまあ、手っ取り早いのは「聖書」を読ませることですよ。カツキさんの『マンガ サ道』を。

五箇　三宅さんは自分で買って配ってますよね。

三宅　配ってます。

原田　それ効くんだよね。実は僕もそれを真似て、福ちゃん（チュートリアル・福田充徳）にあげたの、全巻。そしたら福ちゃんは、「ありがとうございます」って言って、その後、読んだか読んでないか聞いてなかったのね。そしたらある日、サウナに行ったときだったかな、髪の毛乾かしてたら隣のお客さんが、「この前福田さんが、ミナミのサウナでととのってましたよ」って教えてくれて。それで聞いたの、福ちゃんに。「サウナ入ってるみたいだね」って。それで「ああ」って。

全員　あはははは（笑）。

使用済みのマットを常連が番台に……サウナは個性が出て面白い

五箇　ここのサウナはちょっと面白いとか、独特だとか、そういうのってありますか？　僕は、サウナ経営者の人生を紹介する『サウナ人生、波乱万蒸。』という連載をやっているんですが、やっぱサウナって経営する人の個性が出ていて面白いなと思ってて。

三宅　独特といえば、埼玉県川口市にある「サウナひろい」はこだわりがありますよね。サウナマットが全部手作りなんですよ。バスタオルみたいなものをミシンで縫ったようなやつで。そのサウナマットの使用済みが溜まると常連の人が番台に持っていくという、そういうローカルルールがあるんですよね。

原田　どういうことですか？

五箇　サウナベンチにバーッと新しいマットが置いてあって。床にはスノコが置いてあるんですけど、みんなそこに投げ捨てていくんですよ、使い終わったサウナマットを。それを常連の人が集めて持って行くんです。

三宅　そして帰りには必ず三ツ矢サイダーをくれるという。
原田　へ〜！　なんかいいなあ〜！
三宅　いいですよ、「ひろい」。銭湯だからお風呂がもちろんあるんだけど、また別の入口からサウナに入るという仕組みで。変な造りなの。女性の場合は風呂とサウナも一緒になってるんだけど、男性は別。銭湯の番台があって、こっちにサウナの番台があって、向こうも見えるっていう。
五箇　あれ不思議ですよね。
三宅　それでおばちゃんがひとり真ん中にいて。
磯村　昭和ですね。三宅さんぽいです（笑）。
三宅　ああ、もう、完全にそっち派ですから（笑）。いや、もちろんおしゃれなサウナも行きますし、嫌いじゃないです。でもなんかこう、やっぱりあれですかね、うぶ湯が下町の銭湯だったからかもしれないですけど。
全員　あははははは（笑）。

お気に入りの施設は

五箇　磯村君はどう？　お気に入りの施設とかは。
磯村　どこかなあ。僕は外気浴があった方がいいので、都内って外気浴できるところって限られるじゃないですか。大概混んでるんです、そういうところは。でも地方ロケに行くと、だいたいのサウナ施設は外気浴ができるところが多くて。それで人がすごく少ない。だから都内よりも近郊のサウナ施設の、車じゃないと行けないようなところが好きですね。「なんとかの里」的なのはわりと好きかも。
長島　「湯楽の里」とかね。
五箇　そっち系のスーパー銭湯って外気浴スペースが異常にデカかったりしますもんね。
原田　僕もスーパー銭湯は好きで。遊園地感覚で行くんだったら、鶴見の「らくスパ」とか、東久留米の「スパジャポ」とか。スパジャポはもう一日中いられますね。家族で行ってもいいし、友達と行ってもいいし、ひとりで行ってもいいし。よし今日は全種類入ってみよう！とか。
長島　露天風呂にテレビがたくさんあるんですよね。
原田　ありますね。やっぱり楽しい。楽しめるように

作ってくれているから、スーパー銭湯は。

長島　ビジネスホテルとかも最近はサウナ付きというのが増えてきていて。今回も撮影で結構いろいろ泊まったんですが、「カンデオホテルズ」が好きですね。今回は神戸で泊まったんですが、サウナもちゃんとあって、水風呂もしっかり冷たくて、外気浴もできて。しかも空いてるという。

原田　へえ～！　知らない。

五箇　チェーンだからいろんなところにあるんです。僕もロケの時に京都で行きました。すごく良かった。あと、東京もあります。露天風呂が最上階にあって、サウナもついてます。

原田　まじですか！　行かなきゃ。

サウナのこだわり

五箇　最近、サウナでこだわってることとかってあったりします？

三宅　最近こだわってるのはね、汗をお湯で流す。水じゃなくて、お湯。

磯村　一緒ですね。

原田　僕も。

三宅　これは施設の方に聞いたんですけど。水風呂で冷やした水をそのままジャバジャバ使うと、水減っちゃうから足さなきゃいけないじゃないですか。すると、チラーっていう冷却装置があるんですが、そのコストがすごくかかるらしいんです。だからできればシャワーか湯船のお湯を使ってほしい、というようなことを吉田健さんが言ってて。「ニューウイング」の支配人の。あっ、そうなんだと思って。あと「かるまる」にも書いてありますよね。お湯で流した方が「2段階冷却」になるから、水風呂の冷たさを味わえると。あっ、これ理にかなってるなって。

磯村　そう、僕もそれです。2段階冷却。汗を冷たい水で流しちゃうと水風呂に入ったときの楽しみが半減しちゃうなと思って。水風呂の温度をちゃんと体で感じるために、僕はお湯で流すんです。

長島　撮影の動線上は、水風呂の水をかぶってということが多いですね、どうしても。

五箇　ドラマ上は観てて気持ちいいですよね、その流れ

でいった方が。

原田　もうたまんないときは、冷たい水をかけるんですが、だいたいお湯ですね。

五箇　あと僕、三宅さんからちらっと聞いたんですけど。ロッカーキーの話。

三宅　ああ、あれね。ロッカーキー、ゴムバンドの中にしまうタイプのやつあるじゃない。それで返すときに、気を遣って、ホルダーにしまった状態で戻すでしょ。でも施設の人は、その後キーを出してロッカーを開けて掃除したり館内着を入れたりしなきゃいけないから、できれば鍵はむきだしのまんま返してほしいって。

原田　なるほど、確かに。

三宅　しかも「お湯で濡れている時はゴムが柔らかくていいんだけど。乾くとこれが硬くなって、取り出すときに爪のささくれの部分が痛くてしょうがないんだよ」って。

全員　あ〜。

三宅　あとマット交換。気を利かせて手伝ったりするじゃない。あれ、放っておいてくれって。

原田　えー！　なんで？　僕、よく手伝いますよ？

磯村　知ってます。ダメなんですよね。やり方があるから無闇に手伝わない方がいいと。

三宅　そう。手伝わないで、サウナ室からすぐ出ていってほしいって。

原田　ああ、そうなんだ。環八の「美しの湯」も出た方がいいんですね。

三宅　出た方がいいみたい。広いけどね。

原田　僕、ガンとして出ないからなあ。

三宅　え、出ないんだ。

原田　立って待ってる。

全員　あはははは（笑）。

原田　横浜の「スカイスパ」でもちゃんと立って待ってたんだけど。

「下茹で」派と「水通し」派

三宅　邪魔です（笑）。あと、そう、あれ、サウナ入る前、下茹でする？

原田　するする。

五箇　「下茹で」する人と、「水通し」する人がいますよね。

下茹では湯船であったまってからサウナに入る人、水通しは水風呂に入ってからサウナに入る人。三宅さんは？

三宅　季節によりますけども、いまの時期は暑いから、そのまま体を洗って清めて、水風呂入ってからサウナ室行ったりとか。

原田　カツキさんがここ「北欧」で撮影するとき、水風呂に入って体を清めてからサウナ入るって言って、水風呂入ってたんですよ。そしたらちょうど「北欧」のスタッフが気を利かせて、シングルになっていたんですよ（笑）。

五箇　10℃以下の設定に（笑）。

原田　そしたら僕が見てるもんだから、すごく気持ちいい顔してずっと我慢して入ってるの。めっちゃ冷たかったはずなのに、かわいいなあ（笑）。

磯村　シングルは超冷たいはずですよね。

長島　サウナ大使なんだから、なめられちゃいけないと思ったんでしょうね。

原田　足、しびれますよ。シングルは。

三宅　足もそうだけど、男性の局部が痛くなるんですよ、アレ。

全員　あははは（笑）。

テントサウナを買っちゃった

五箇　さっき、磯村君のテントサウナの回の話が出ましたが、実は僕も持ってるんです。ドラマで使ったのと同じ「ＭＯＲＺＨ」っていうロシア製のやつを。

原田　あ、そうなんだ！　あれ持ってるんだ。いいなあ！

五箇　三宅さんもお持ちですよね。

三宅　僕が持ってるのは「Ｍｏｂｉｂａ」っていうやつ。これもロシア製なんですけど。自粛期間中、施設が全然やってなかったんで、買ったんですよ。よしこのタイミングだ！　って、いろいろ調べたらもう1カ月待ちとか2カ月待ちとかそんなんで。みんな考えることは一緒なんです。で、「Ｍｏｂｉｂａ」なら「大阪に2つだけ残ってます」って。それで速攻お願いして。で、「こんなん買った」って泰造君と磯村君に写真送って。

原田・磯村　きたきた（笑）。

五箇　実際、どうですか、やってみて。

三宅　自粛期間はほぼ毎日、自分ちの庭でやってたんで

すけど、サウナ施設とは違うので、自分で薪をくべて、ロウリュしてって、じっくりな感じじゃない。忙しいんですよ（笑）。

五箇　バーベキューと一緒ですよね。

三宅　そうそうそうそう。

五箇　常になんかやってなきゃいけない。

三宅　薪奉行がいてくれたらいいんですよ。いいタイミングで薪くべてくれたりしてくれる人がね。ひとりでやろうとすると、まあ、忙しい。入れすぎたら、ウワーッあっつーってなるし。

磯村　熱くなる。むちゃくちゃ熱いんですよ、あれ。

五箇　かといって放っておくと温度下がりますからね。

三宅　そうなんですよ。

磯村　一気に高温になるのが魅力でもありますが、時には厄介。

五箇　気をつけないと火傷しますよね。

三宅　しますよ、何回かしました。

五箇　僕も。誰かが薪をくべてくれたらいいんですけど……。そんなの誰もやってくれないでしょうし（笑）。

全員　あははは（笑）。

目標はフィンランド、エストニア、ドイツで『サ道』世界編

五箇　そういえば、泰造さん、昔フィンランドへサウナ旅に行かれてましたよね。

原田　行きました。奥さんと一緒に。奥さんは全然興味ないんですけど、地方のサウナへ行ったりするときは必ずついてきてくれます。で、フィンランドも一緒に行ってくれたんです。地元の人たちが瓦礫を集めて勝手につくったサウナにも一緒に入ってくれてね。

三宅　いいなあ〜。僕、まだ行ったことないんですよ、フィンランド。

原田　そっか、偶然さんは行ったことないのか。

三宅　もうね、行かなきゃいけないんですけど。あれでしょ、磯村君も番組で行ってるじゃない。

磯村　行かせていただきました。ＷＯＷＯＷの番組で。

三宅　僕だけなんですよ、行ってないの。ていうか日本以外のサウナに行ったことがない！　磯村君呼んでくんねーかなーっていう（笑）。

原田　僕もさ、磯村君の番組を観て、ああ、これ観てから行きゃあ良かったって思ったもん。ああ、こういうことだったんだと。なにもわからずフィンランドに行っちゃったんですから。

磯村　ていうか、3人で行きたいです。『サ道』で行けたらいちばんいいなあ。

五箇　それがいちばんいいですよね。『サ道』フィンランド編。

長島　一応、企画当初から展望としては、ずっとありますね。

五箇　目標としては世界編とか。フィンランドだけじゃなく、エストニア、ドイツもあるし。

三宅　リトアニアとか、ロシアとかね。

長島　韓国も。

原田　すごいね、世界編！　楽しみ～！

五箇　これを読まれている企業のみなさん、スポンサード宜しくお願い致します（笑）。

日本サ飯紀行

サウナでととのい、感覚が研ぎ澄まされたあとの晩酌は、何物にも代えがたい魔力を秘めている。日本中のサウナと酒場に行き倒してきた筆者が「ととのい気分で極上サ飯を巡礼」する。それが日本サ飯紀行である。

日本サ飯紀行①

カプセル＆サウナ ロスコ（東京都北区）
～もつ焼 高賢～中華料理 味楽亭

今日は朝から重たい会議だった。サウナの時間のことだけを考えながら、なに食わぬ顔で意見を言い、なんとか乗り切った。時刻は17時50分。ＪＲ駒込駅東口を出て徒歩30秒。年季の入った看板とかわいらしい青いロゴマークが見えてくる。日本サウナ・スパ協会加盟店のマークもまぶしい、由緒ある正統派ジャパニーズスタイルサウナ、それが「カプセル＆サウナ ロスコ」だ。

１９５１年、昭和26年に開業した銭湯がルーツのロスコ。72年に現在の施設の形となった。男性のサウナ室は10人以上入れる広々とした空間で、都内ではかなり珍しい寝そべるタイプのベンチを完備。温度は１００℃越えの昭和ストロングスタイルで、すぐに体が温まるのでせっかちの江戸っ子にはもってこい。サウナ室の目の前にある水風呂は、銭湯時代からの地下水かけ流しタイプ。水質は柔らかく、バイブラもあり気持ちがいい。

外気浴ゾーンの中央には「脅威の健康回復物質『ＳＧＥ天降石』で天然水を磨いたスーパー露天風呂《ジャグジー》」。私はジャグジーのへりに座ってととのうのが好きだ。

ロスコ　新旧サウナーから愛される。

ロスコ　珍しい、寝そべるサウナ室。

ロスコ　地下水かけ流しタイプの水風呂。

ロスコ　スーパー露天風呂。

ととのった体でゆっくりと下町の商店街を歩く。今日は行きたい店があった。ＪＲの高架下をくぐって商店街を抜け、小さな路地に入ったところにある赤ちょうちんが目印の店だ。「もつ焼 高賢《こうけん》」。カウンターの中ではモツ串がいいにおいを漂わせながら白煙を上げている。その前に陣取ると、まずは焼酎ハイボールを注文。下町では「ボール」という呼称で愛されている危険な飲み物だ。今日も無事にサウナに入れたことに感謝しながらジョッキに口をつける。美しい黄金色の液体は、食道がまるでウォータースライダーかのようにするすると喉を通過し胃に到達。アルコールが体内に吸収され、気持ちのいい感覚がじんわり立ち上がる。

　ようやく心も落ち着き、ゆっくりと店内の様子を眺める。ところせましと掲出されたメニューの数々。ひっきりなしに焼かれているうまそうな串焼きはもとより、マグロの脳天炙り刺し、トマトとザーサイのナムルなど、一見オーソドックスだが、一癖ありそうなメニューがもつ焼き屋のそれとは思えないくらいのバリエーションで迫ってくる。

　1品目に頼んだのは高賢ポテサラ。山頂にのせられた半熟味玉から流れ出る溶岩のような黄

身がねっとりと絡まり、濃厚この上ない。ととのった体に、なかなかの先制パンチ。次にトマトとザーサイのナムル。薄くスライスされたトマトとザーサイの赤と緑のコントラストが目にも鮮やかで食欲をそそる。見た目のおしゃれさに反してパンチのきいたタレはどんどん酒を進ませる。どのメニューも常に臨戦態勢だ。そこへ肉刺し3点盛りが到着。ピンクがかった肉の表面にしっとりと水分を湛えるその瑞々しさは官能的としか言いようがない。肉感的な歯ごたえと、噛むほどににじみ出る肉の甘さ、旨味の底なし沼に、たまらず水風呂という名の酎ハイへ直行。酎ハイの炭酸水は、サーバーから注ぐ炭酸水を使用。ラインアップもハイサワー、ザクロ、クエン酸。どれも水風呂だったらいいますぐ飛び込みたい。

その後もカシラ、シロ、すべてにおいて火入れの素晴らしい串が次々に供される。ちなみに火入れはサウナでいえばサウナ室のセッティング。つまりここが肝なのである。

高賢の主人は板橋の「やきとん赤尾」で修行した後、水道橋の「でん」で焼きを担当。この経歴、モツ好きであれば「間違いない」と確信することだと思う。

そして本日のメイン、網レバが到着。上質の網アブラと丁寧にくるまれたレバのハーモニー

高賢 酒場として正しい。

高賢 氷なしの「ボール」。

高賢 映える色使いの高賢ポテサラ。

高賢 旨みの網にまんまとキャッチされる。

味楽亭 白髪ねぎなどをラー油で和えた一皿。

味楽亭 さながらサウナストーンのような揚げなす。

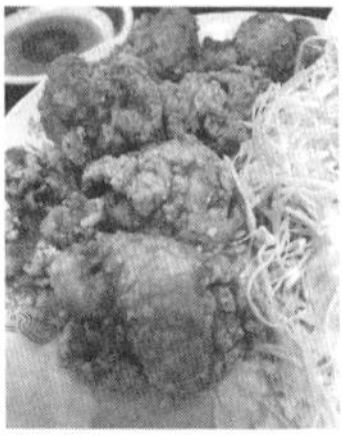
味楽亭 さながらサウナストーンのような唐揚げ。

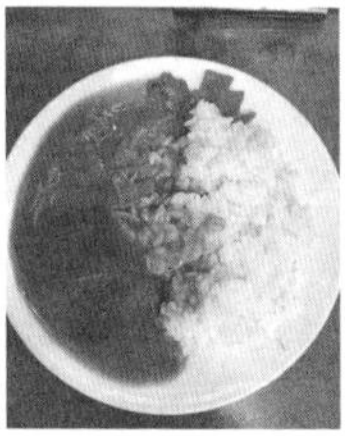
味楽亭 こちらも正統派の街中華カレー。

に濃厚なみそダレが追い打ちをかける。正直この時点で、発症以来努力で封じ込めてきた痛風の発作がいつ起こってもおかしくない状況に。もはや背徳感でととのう域に達した。

高賢でヒートアップした体を冷まそうと再び商店街を歩く。ぬるい夜風が心地よい。クールダウンすると今度は少し汗ばんできた。味のある街中華の看板を発見した。「中華料理　味楽亭」。止まり木にチルアウトを兼ねて入店。こぢんまりとした店内は、あるべき街中華の姿だった。メニューには細かい文字でびっしりと書き込まれた一品料理の数々。ハチノスのピリ辛和えとホッピーをオーダー。ここへきてまだモツを頼む自分にあきれながらも、運ばれてきた一皿は、細切りの白髪ねぎ、きゅうり、にんじん、水菜をラー油で和えた逸品。デキる店の空気をビンビンに感じる。厨房からはジュワーッという揚げ物のロウリュサウンド。たまらずオーダーしたなす揚げ炒めは、揚げなすがサウナストーンのように積み上げられていた。

ホッピーも残り僅か。〆はなににしようかとメニューに目を通し、半カレーライス380円を発見。鶏がらスープがベースの正統派街中華のカレーだった。完食。ごちそうさまでした。

カプセル＆サウナ ロスコ

㊟東京都北区中里2-4-8
☎03-3915-0005
㋴24時間
㊡無休
㊔￥1,200ほか
宿泊可　食事処あり
https://rosco.tokyo

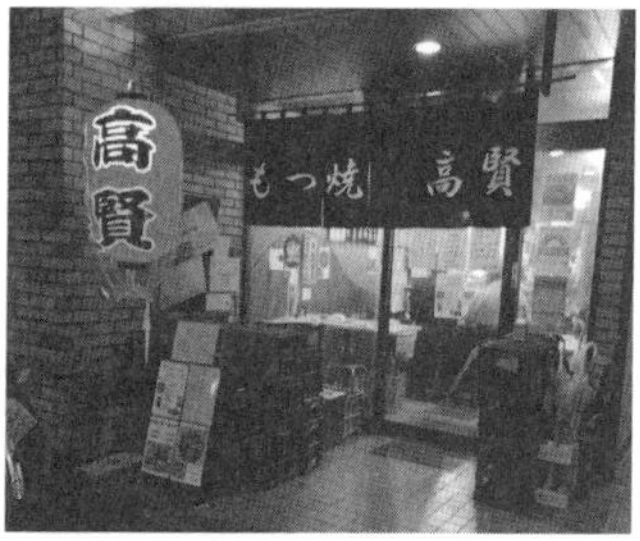

もつ焼 高賢

㊟東京都豊島区駒込1-28-15
第2ゼノアビル 1F
☎03-6912-2959
㋴16:00～22:30
㊡月・隔週火
https://twitter.com/motsuyakiko_ken

中華料理 味楽亭

㊟東京都北区中里2-2-1 田中ビル1F
☎03-3917-7548
㋴13:00～23:30
㊡火
www.mirakutei-komagome.com

日本サ飯紀行②

サウナニュー大塚（東京都豊島区）
～種子島～天王寺はち八 大塚本店

大塚。都電荒川線と山手線が乗り入れ、文京区、豊島区、北区と隣接し文化が交錯するカオスな街。駅の北口には角海老ボクシングジムをランドマークとする雑多な飲み屋が、南口には天祖神社を中心に多国籍な飲食店が立ち並ぶ。昔の大塚を知っている者からすれば別の街と思えるほど再開発できれいになった駅前に出ると、サンモール大塚商店街を天祖神社の方へ。昔ながらの店が立ち並ぶ、入り組んだ細い路地を抜けると、黄色と赤の派手なデニーズカラーに彩られた看板とレトロなロゴが飛び込んでくる。「サウナニュー大塚」である。

建物１階には「大塚記念湯」という銭湯。脱衣場の天井には宇宙のイラストが施されたポップでキッチュな正統派銭湯だ。銭湯の入口でサウナ利用を告げ、入場料１１００円と館内着に大小タオルが入ったバッグを受け取り、内階段で２階へ上る。

そこには昭和の香りが漂う心休まる休憩スペースが広がっている。いつ来ても香ばしい。その先が脱衣場。ロッカーの外側にはフックがついており、バッグをそこにひっかけることができる。

細やかな気遣いに感謝し昭和にワープした気持ちで、ゆっくりと浴室へ。

浴室内は非常にクラシックだ。バイブラ湯と電気湯と水風呂があるシンプルな造り。お目当てのサウナ室に入ると、ガスストーブがセンターに鎮座し100℃を超える強烈な熱さで客を蒸し続けている。セッティングは当然カラカラの昭和ストロングスタイル。サ室を出ると汗を流すぐ横の水風呂に浸る。この日は水温15℃。冷たすぎない適度な温度が気持ちいい。

浴室の奥には小さな扉があり、そこから外に出れば、いにしえのドラマ『時間ですよ』に出てきたような物干し場。堺正章が出てきて「街の灯り」でも歌い出しそうな雰囲気だ。無造作に並べられているととのい椅子に座れば、都電荒川線の走行音と共鳴するかのようにかすかに感じる心地よい揺れ。ここは4DXサウナ劇場か！　のような臨場感。感傷的な気分にどっぷり浸りながら、これを数回くりかえした結果、「ととのい泣き」の境地にまで到達した。

サウナニュー大塚を出て外気を感じながらゆったりと散歩をする。ハラルマーケットを横目に大塚三業地へ。かつて花街だったこのストリートには、「なべ家」という老舗の江戸料理店があっ

サウナニュー大塚　遠くからでも目につく看板。

サウナニュー大塚　馬力のあるガスストーブ。

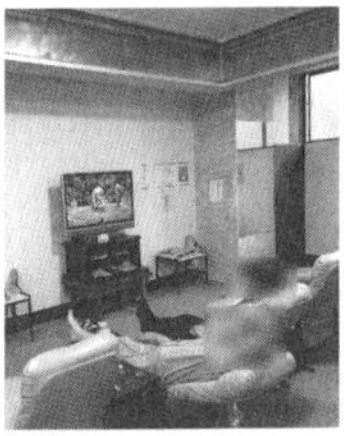
サウナニュー大塚　完全にリラックスできる休憩スペース。

サウナニュー大塚　適温で清涼感のある水風呂。

種子島 アジフライ。懐かしい味にほっこり。

種子島 滋味深い味わいのビーフシチュー。

天王寺はち八 粉ものハイブリッド。

天王寺はち八 〆のハラミステーキ。

たことでも知られている。いまもかつての料亭の名残がかすかに点在している。

少し歩くと、『男はつらいよ』に出てくるかのような小さなお店が見えてくる。「種子島」。本日の目当ての居酒屋だ。引き戸を開けると出迎えてくれるのは大女将と若女将。小さなカウンターと入れ込みの小さな座敷。そこにちょこんと腰掛け、にっこり微笑む大女将。

注文が来るまでの間、種子島出身の大女将と世間話。昔は夫婦で切り盛りしていたが、夫亡き後は娘が若女将として引き継いだという。

頃合いで供される切り干し大根のお通しと生ビール。冷えたジョッキがありがたい。喉を潤し、切り干し大根をつまむ。うん、優しい味付けだ。カウンターの上には大皿に乗った家庭料理の数々。心づくしの料理は若女将の担当だ。定番の短冊メニューとホワイトボードには手書きの日替わりメニュー。この日はアジフライとビーフシチューを頼んだ。果たして供されたアジフライはカリッと揚がっていてビールがこの上なく進む。複雑なことは一切していないが、その仕事の丁寧さが妙に心にしみる。レモンサワーに切り替え、喉を潤しているとビーフシチューが到来。添えられたフランスパンをあてに飲む。シチューの味が優しく、温かい。

ほろ酔い気分で2軒目へ。次の目的地は飲めるたこ焼き屋「天王寺はち八 大塚本店」。カウンターに座ると、ハイボールと明石焼き＋たこ焼き6個のもりもりセット1680円を注文。紅ショウガと青ネギがトッピングされたたこ焼きと明石焼きがきれいに盛られ、つけ汁が小鉢にたっぷり。明石焼きを箸でつまみ温かいつけ汁につけて頬張れば、瞬く間に口の中はサウナ状態。すかさずバイブラ付き水風呂（通称「ハイボール」）で口の中を潤す。まさに交感神経と副交感神経がせめぎ合っている。余韻という外気浴でいい気分になってから今度はたこ焼きへ。外はカリカリだが、中はトロッとしていて柔らかい。生地にほんのり香るダシがここでも利いている。濃厚なソースの味をハイボールで洗い流す。ああ至福。気分は大阪の下町への小旅行。

再びメニューを眺める。ネギ焼き、豚平《とんぺい》焼き、カレーそばめしなどの魅力的なラインアップから、イカ焼きをオーダー。粉もの祭りのトリを飾るイカ焼きは、ぷりぷりのイカがダシの利いた生地にくるまれてホックホク。ジャンクな味わいに水風呂が進む。調子に乗って最後はハラミステーキまでオーダーしてしまう。さっきビーフシチューを食べた罪悪感を感じつつ、鉄板で焼くハラミの柔らかい食感に酔いしれながら完食した。

南口のサウナニュー大塚にはじまり、北口には「カプセルイン大塚」、1駅先には「巣鴨サンフラワー」、2駅先には「駒込ロスコ」。都内きっての一大サウナエリア大塚に、サウナ目的で4畳半の風呂無しアパートを借りることが私の目下の目標だ。

サウナニュー大塚

㊟東京都豊島区南大塚3-38-15

☎03-3986-0126

㊢12:00～24:00

㊡金（祝日は営業）

㊘¥1,100ほか

https://otsukasaunakinenyu.jimdofree.com

種子島

㊟東京都豊島区南大塚1-60-16

☎03-3945-6518

㊢17:00～23:00

㊡日祝

天王寺はち八 大塚本店

㊟東京都豊島区南大塚3-53-3 万葉ビル1F

☎03-3590-5688

㊢月～金15:00～23:30、土11:30～23:30、
日祝11:30～23:00

㊡無休

日本サ飯紀行③

ぎょうざ湯（京都府京都市）
～夷川餃子 なかじま 団栗店～赤垣屋

想像してください。１００℃のサウナ室。そしてキンキンに冷えた水風呂に風そよぐ外気浴。そしてその後に待っているのは……アツアツの餃子にビール。脂の乗った鯖と極上の日本酒。

京阪祇園四条駅から徒歩数分。外観はちょっと渋い街中華。白いのれんに染め抜かれた「夷《えびす》川《がわ》餃子」の文字。中に入れば右側には10席程度のカウンター席。餃子とビールで幸せそうに飲《や》っている常連客には目もくれず、ウナギの寝床のような京都特有の店の奥を目指す。

現れたのは「サウナ」と彫られた秘密の扉。おそるおそる引き戸を開ける。するとそこには、4つのロッカーと2つの洗面台が設《しつら》えられた脱衣所が。小さいながらも、清潔感にあふれ、ダイソンのドライヤーも標準装備。お金のかけ方が少し心配になるほどのゴージャスさ。

浴室はすべて石造りでかなり贅沢だ。はやる気持ちを抑え、ゆっくりとカランで体を清め、満を持してサウナ室へ。中は最大４人と小ぶりながらも、中央には高出力のＩＫＩストーブが鎮座

ぎょうざ湯 サウナ室。

ぎょうざ湯 露天風呂。

夷川餃子 なかじま 揚げ餃子。

赤垣屋 鴨ロース。

し、それをベンチが囲んでいる。ひとたびロウリュをすれば大量の蒸気が発生し、湿度の高い気持ちいい空間に。

温度の高さよりも、柔らかな蒸され方をする通好みのサウナ室。天井を見上げるとそこもまた石造り、かつ低くアーチ型になっている。これは、蒸気の周りも非常にまろやかなはずだ。オーナーのサウナへの愛がビンビンに伝わってくる。

水風呂はサウナ室を出てすぐ横という好動線。入ると深さも１００㎝くらいあり、水温も13℃と理想的なセッティング。ぼーっと上を見ればなにやらボタンがある。ボタンを押すと脳天に水が直撃する。これは！　人工的に冷水を頭に直撃させることでととのいへと誘《いざな》う究極の装置、熊本「湯らっくす」のＭＡＤＭＡＸボタンではないか！　と思ったのは一瞬、水流はそれほど強くなく、これは新手のサウナボケなのか。だとするとオーナーはかなりの変態なのではないかと思いながら露天スペースへ。

そこは狭いながらも京都の空が望める心地よい場所。露天風呂にととのい椅子があり、風呂には微妙な傾斜がつき浴槽の縁に頭をもたせると異常なリラックス効果。ととのい椅子にすわり恍

惚とした後ふと我に返って横を見ると、小さな窓口とインターホンを発見。ここでの飲食が可能のようだ。インターホンでオーダーをし、少しするとドリフの舞台かと思うほどの唐突さで壁が開き飲み物が供された。最高の露天風呂でオロポを飲む。至福のひととき。この時点で飲食店らしきところを通り抜けてきたということは、記憶の彼方に追いやられていた。

やっと思い出した、ここ、餃子屋だった。

サウナを出ると、眼前に広がるのはいわゆる街中華の景観。餃子屋とは思えないハイスペックな温浴施設に脳が混乱している。とりあえず頭が真っ白になりながらカウンターに腰を下ろすと供されるキンキンのビール。サウナを出てからここまでたったの数分。ゴキュゴキュ。柳沢きみお『大市民』の山形鐘一郎なみに泣く喉。自分の喉がこんなに優秀な楽器だったとは。サウナで水分を欲していた体に、食道から胃まで滝のようにビールが流れ落ちる。もう死んでもいい。プハァーと一息つき、壁にかかった真っ赤なプラスチックの短冊メニューに目をやる。

名物の「ディープ（ニンニクあり）」と「フレンチ（ニンニクなし）」の餃子も捨てがたいが、ここはあえて揚げ餃子をチョイス。黄金色に揚げられた餃子が到来。パリッという音とともにカリカリに揚げられた皮を歯で崩壊させると、その下のもっちりとした餡から肉汁がジュワーッとしみ出る。ガツンとくる肉の味が口中に広がり、口の中はアツアツのドライサウナ状態。完全に湿度が奪われ、脂っこくなった口の中を再びビールで潤す。サウナ→水風呂→外気浴＝餃子→ビール→プハーッという永久機関の方程式がここに完成した。

2軒目は老舗居酒屋「赤垣屋」へ。赤い電飾看板の下の縄のれんをくぐる。中は古い町屋造り。高い天井、ぶら下がる裸電球。古都の歴史が作り出した居心地のよい空間で、カウンターでは客がゆっくりと酒を酌み交わしている。

奥の座敷に通される。薄暗い座敷の窓が開け放たれ心地よい風が抜けていく。まるで小津安二郎の映画に入り込んだかのような気分に浸っていると、注文した瓶ビールとともにつきだしが数種類運ばれてくる。今日のおばんざいは野菜の煮物、ぜんまいの煮物、おからの炊いたん。どれもシンプルながらきちんと仕事がされている。かみしめれば、素材としみ込んだ調味料の味わいが口中に柔らかく広がる。優しいながらも酒のアテにぴったりだ。

やがて1セット目「きずし」が到着。いわゆる〆鯖だが、関東のそれとは対照的。酢〆された肉厚の鯖、その上にはたっぷりのおろし生姜、横には大根のツマ、さらにはその上から追い酢がたっぷり。まさに京都の酒場の矜持。口に含めば鯖の脂のうまさが広がり、それを洗い流すかのように生姜と甘酢の香りが追いかけてくる。すでに口の中は水風呂になっている。

その味わいに酔いしれ始めた頃、2セット目、真打「鴨ロース」が登場。皿の上にたっぷりと広がる煮汁に浸かった、なまめかしいピンク色の合鴨のスライス。口に含めば絶妙な火入れ加減で手間暇かけて蒸し煮された何層にも重なる味わい。極上のサウナに入った鴨の温冷交代。ほのかに残る野性味が官能的なまでに口の中でしっとりと溶け合う。その恍惚感を現実に引き戻してくれるのが付け合わせのレタス。その絶妙なバランスに酒がどんどん進んでしまう。サウナの後はご飯がうまい！　ちょっと酒が回ったか、もはや感想が普通になってしまった。

ぎょうざ湯

㊟京都府京都市東山区団栗通
大和大路西入六軒町206-1
☎075-533-4126
㊔10:00～23:20（完全予約制・貸切のみ）
㊡無休
㊕¥7,700ほか
www.nakajimagyoza.com/gyozayu

夷川餃子 なかじま 団栗店

㊟京都府京都市東山区団栗通
大和大路西入六軒町206-1
☎075-533-4126
㊔11:30～14:00（13:30LO）、
17:00～23:00（22:30LO）
㊡無休
www.nakajimagyoza.com

赤垣屋

㊟京都府京都市左京区孫橋町9
☎075-751-1416
㊔17:00～23:00（22:30LO）
㊡日・祝日の月

日本サ飯紀行④

キッチンみどり蒸し（神奈川県平塚市）
～グリーンサウナの残り香とともに～

　ＪＲ平塚駅から徒歩3分の好立地にそのサウナはあった。

　太古の地層から湧き出た天然温泉やアウフグースもできる大きなロウリュサウナと小さくて静かなサウナがひとつの部屋に共存するという珍しい造りのサウナ室。ほんの少し褐色がかり、ぬるぬるする独特の感触を持つ井戸水の水風呂。外気浴スペースは、抜けるような湘南の青空の下、グリーンサウナの名に違わない花と緑にあふれている。見渡すとヌシのようなゴムの巨木の周りに並べられたかわいらしい鉢植えの数々。寝そべって目を閉じれば、カモメが遠くで鳴いている。湘南の柔らかでポカポカした陽差しの中での外気浴は、この上ない多幸感をもたらしてくれる。

　湘南ひらつか天然温泉 太古の湯 ｂｙグリーンサウナ。

　僕の連載『サウナ人生、波乱万蒸。』の連載第1回は、２０２０年4月28日、惜しまれながらも閉館を迎えた〝あたたかみがサイコー〟の、このサウナからはじまった。

　グリーンサウナの食堂「レストラングリーンウェーブ」もその充実ぶりから多くのサウナファ

ンを魅了してきた。閉館後数カ月を経た20年8月、食堂のみが独立オープンした、という報せが届いた。ドラマ『サ道』でも登場した定番サ飯「城門ラーメン」をはじめ、当時のメニューを味わうことができるという。2年前の取材時、グリーンサウナの加川淳社長から食堂を開く予定だとは教えてもらったが、詳細はわからなかった。「アッと驚くネーミングを考えているんです」とだけ聞いていた。

そして2年後、私は再び平塚駅に降り立った。

グリーンサウナがあったのとは反対側、北口を出てショッピングアーケードに向かって少し歩くと、目を引く緑色の看板が飛び込んでくる。「キッチンみどり蒸し」。ポップなロゴとかわいいコックさんのイラストは、そのタッチからタナカカツキ氏のものだと一瞬でわかる。「グリーン＝みどり、サウナ＝蒸し」。加川社長の「アッと驚くネーミング」とはこのことか、と思わず顔がほころんでしまう。

階段を上っていくとグリーンサウナ時代同様、壁中にメニュー写真がところせましと貼られている。この感じも変わらないなと、懐かしさがこみ上がりつつ、メニューを見ながら一段一段階

加川淳社長。

目を引く緑色の看板。

グリーンサウナのドア。

左右に伸びる長いカウンターとテーブル席。

みどり色が鮮やかな桑抹茶。

みどり蒸し鶏。

辛みそチャーハン。

城門ミニワンタン。

段を上る。入口のドアには「ロウリュサウナ」と書かれた往時のグリーンサウナのドアがそのまま移設されている。

「いらっしゃいませー！」と、中に入るとスタッフの元気な掛け声が飛び交う。そして次から次へとひっきりなしにやってくる客。繁盛店だということがわかる。店内は左右に伸びる長いカウンターとテーブル席が数席。カウンター奥に陣取りメニューを見る。「あれ、昔よりかなりメニューが増えたのでは？」と思うほど食事メニューはもちろん、酒のつまみになる一品料理や酒のラインナップに至るまでかなりの充実ぶり。もはやご飯の食べられる気の利いた居酒屋だ。

　とりあえず、みどり色が鮮やかな桑抹茶を飲みながらゆっくりメニューを検討するとしよう。グリーンサウナの名物サ飯「城門ラーメン」も健在だ。ちなみに城門ラーメンは、揚げニンニクが入った酸辣湯麺風のピリ辛あんかけラーメンで最高のサ飯である。

　目を引いたのは「みどり蒸し鶏」。蒸し鶏にバジルベースの自家製ピリ辛ソース。みどりでグイグイ推してくるな。ローストビーフやステーキ、ハンバーグなど洋食系メニューも充実している。みどり蒸し鶏に後ろ髪をひかれながらも、かなり迷った挙句に「辛みそチャーハン」と「城

門ミニワンタン」をオーダーした。

オーダーが到着するまでゆっくり店内を眺めていると、目の前の壁には熱波師・五塔熱子さんのサインがあり、その横にはグリーンサウナの下足箱のドアも飾られている。まぎれもない街の食堂なのだがサウナテイスト満載。サウナーなら思わずニヤニヤしてしまうこと必至だ。

果たしてテーブルに届いた辛みそチャーハンは、全体がふわとろオムライスのように卵で覆われ、その下には甘辛みそで味付けされた独特のチャーハン、レンゲでその2つを自分好みにブレンドしながら食べるのだが、とても中毒性が高い。同時に届いた城門ミニワンタンは城門ラーメンの麵をワンタンに替えた一品。こちらも酸味と辛みが混ざり合った絶妙な味わい。両方ともサ飯として完璧なクオリティ。あれ、なんでここにサウナがないんだろう。

大満足でレジに向かうと加川社長が出迎えてくれた。そして「うちの守り神です」と入口のドアの上を指さした。そこには『サ道』原作者のタナカカツキ氏と、ドラマの主人公・ナカちゃん役の原田泰造さんの色紙が仲良く並んでいた。その近くにはドラマのポスターも。

いまも日本サウナ・スパ協会の会員であり、さまざまなサウナ施設をめぐっているという加川社長。「サウナをやられる予定は?」と水を向けると「いまはまだですが、必ずやります。楽しみに待っていてください」との心強い返答を得た。「みどり蒸し」のような充実したサ飯が楽しめるサイコーなサウナを夢想しながら、消化を促すべくゆっくりと平塚駅の階段を上り帰路についた。

キッチンみどり蒸し

(住)神奈川県平塚市紅谷町4-5 2F

☎0463-26-8092

(営)月～金 11:00～15:00、
17:00～22:00、
土日祝 11:00～22:00

(休)木

ここもサイコー！

ニュージャパン梅田／サウナ&ホテル かるまる池袋／サウナの梅湯／サウナ&カプセルホテル北欧 ほか

ここでは僕がどうしても書いておきたいサウナへの想いを綴っていきます。

今回、書籍化するにあたり、連載で登場した大阪の「ニュージャパン梅田」と東京の「サウナ&ホテル かるまる池袋」は男性専用施設であること、京都の「サウナの梅湯」はもはや超人気銭湯かつ小さいお店なのでそっとしておきたい気もするので、ページ数の関係から泣く泣く再録は断念、こちらでご紹介させていただくことにします。

まずは「ニュージャパン」。1964年、東京オリンピックでサウナが注目されたことで、68年、先代の中野幸夫社長がサウナを開業。ロウリュとアウフグースを早い時期から世に知らしめたことでも有名だ。難波にあったビル「ニュージャパンサウナなんば」には、男女合わせて4つのサウナ施設があり、中でも男性専用の高級サウナ「スパプラザ」はサウナーなら一度は訪れたい名施設だった。しかし、ビルの老朽化問題もあり、2019年3月、惜しまれつつ閉館。その伝統

をいまも引き継いでいるのが「ニュージャパン梅田」だ。昭和の面影をひしひしと感じることができる施設で、地下1階地上3階の建物は、1階の浴室入口から上に登っていくという類をみない構造。浴場の中には「ドライルーム」というドリンクが飲めるリラックスエリア、大きな温水プール、そして各階ごとに必ず1つサウナ室が。現代においては一見無駄に思えるスペースが多いのだが、それが往時を偲ばせかえって味わいを増している。サウナの王者だけに許された贅を凝らした造りは、町場の世界遺産のようで面白い。屋上にはセルフロウリュができるサウナや、大阪の空を眺めながらゆっくり入れる露天風呂も。そしてニュージャパンを愛してやまない本多眞一店長には取材とドラマ『サ道』ロケでも大変お世話になった。とても丁寧な本多さんのサウナ愛あふれる姿は忘れられない。コロナ前は外国人観光客も多く、併設する黒川紀章デザインのカプセルホテルに興味津々だったという。早く外国人客に日本の誇るサウナを味わってほしい。

そして「かるまる池袋」。施設をプロデュースしたサウナ王・太田広さんはめちゃめちゃ多彩な経歴を持つまれにみる奇才。自分が良いと思ったアイデアを実行する、温浴にかけるあくなき

ニュージャパン　オートロウリュの高温サウナ。

ニュージャパン　梅田店2Fの大浴場。

ニュージャパン　3Fの露天風呂と樽の水風呂。

ニュージャパン　突如現れる〝ドライルーム〟。

バイタリティには尊敬の念を抱いた。取材時、かるまる池袋はオープンしたばかりだったが、いまや押しも押されもせぬ超人気施設として池袋西口に君臨。月に一度のレディースデーには列ができるなど男女ともに人気店となっている。

京都の五条楽園という独特の雰囲気の街にある「サウナの梅湯」は、銭湯継業ゆとなみ社の湊《みなと》兄弟の兄・湊三次郎さんが経営する超有名銭湯。取材もロケもさせてもらった。唯一の心残りは、目の前にある花街の面影を残す「キコク食堂」に行けなかったこと。いつかととのってから行こうと思う。そして弟・湊研雄さんの「十條湯」。21年に「喫茶深海」という昭和テイストの喫茶店を銭湯内に開業。古さを生かしながら現代版にアップデート、インスタ映えするメニューの数々にはいつもセンスの良さを感じる。ここは家が近いのでたまに寄らせてもらっている。

ちなみに京都といえば、ドラマ『サ道』のラインプロデューサーで、いまや業界では「SAUNA TOWN」の、と紹介したほうが通りがいい片岡大樹君に紹介してもらった「京都サウナクラブ」。京都のサウナ好き有志が集まるこのクラブでは、「ぎょうざ湯」に行ったり、「森のサウナ リプ

かるまる かるまる池袋の看板、ケロサウナ。

かるまる 最強の水風呂、サンダートルネード。

かるまる 完璧に整理された外気浴スペース。

かるまる おなじみ〝廃人製造機〟、炭酸泉。

梅湯 かわいらしくてポップな電飾看板。

梅湯 古いストーブとタイルが特徴的なサウナ室。

梅湯 京都の良質な地下水を使った水風呂。

梅湯 浴槽は4種類。充実のラインナップ。

ラス」に行ったり、伏見の酒蔵でテントサウナに入ったり、祇園のスナックに行ったりと、京都に行く目的を完全にサウナに塗りかえてくれた「トトノイ人」が集う場所。そこで出会ったキリ君とカジ君がいま、京丹後市でサウナを作っているという。その名も「ぬかとゆげ」。京丹後でクリニックを開業する予防医療のエキスパート、よしおかクリニックの吉岡直樹院長が音頭を取り、酵素浴とサウナが同時に楽しめるという夢のような施設を22年11月30日にオープン。さらにその近くには「蒸-五箇サウナ」という古民家サウナも作っているという。恐るべし偶然、恐るべし京丹後市。地名と同じ名を持つ五箇として完成が待ち遠しい。

そして上野の「サウナ&カプセルホテル北欧」（P.92）。もしかしたら僕がこの世でいちばんくつろげるサウナかもしれない。ドラマの舞台でもあり、いつ行っても支配人の菅剛史さんと広報のたくぞうさんが笑顔で出迎えてくれる。行くと決まって入口の椅子に腰かけ、たくぞうさんや菅さんとサウナ業界についての雑談をするのが僕のルーティン。ここに来ると実家に帰ってきた気がするし、2人の顔を見るとなんかほっとする。いまや世界大会にまで出場したアウフグー

スチーム、鮭山未菜美&鈴木陸の若き日の熱波を受けたのも懐かしい思い出。食堂ではミニカレーをアテにホッピーを飲みながら、どれだけたくさんの人とここで時間を過ごしたかわからない。スタッフのみなさん、いつも最高のサウナ体験をありがとうございます。そして30周年おめでとうございます。これからもいちファンとして通わせていただきます。

ほかにも紹介したい施設はまだ山ほどあるが、キリがないのでこの辺にしておく。ここまでサウナのバリエーションがある国は世界広しといえど日本だけだと思う。もはやサウナは胸を張って言える日本の文化だ。ありがとうサウナ!

ニュージャパン梅田

(住)大阪府大阪市北区堂山町9-5
☎06-6312-0610（サウナ）
☎06-6314-2100（宿泊）
(営)24時間（月8:00~12:00は館内清掃のため閉店）
(休)無休　(料)¥1,500ほか
宿泊可　食事処あり
www.umedasauna-newjapan.jp

サウナ＆ホテル かるまる池袋

(住)東京都豊島区池袋2丁目7−7 6F
☎03-3986-3726
(営)11:00~翌10:00
(休)無休　(料)¥1,980ほか
宿泊可　食事処あり
https://karumaru.jp/ikebukuro

サウナの梅湯

(住)京都府京都市下京区岩滝町175
☎080-2523-0626
(営)14:00~26:00、
朝風呂6:00~12:00（土日限定）
(休)木　(料)¥490
https://mobile.twitter.com/umeyu_rakuen

おわりに

「どこの施設によく行かれるんですか？」

と、目をキラキラさせながら聞かれることがあります。お答えするとそういう方は、そのサウナの細かいスペックや魅力を楽しそうに熱く語ってくれます。

サウナには〝人をトリコにする魔力〟があると思います。実際に自分の体やメンタルのバランスを崩したとき、サウナに行くことで心身の回復を体験すると、次からはもう欠かせないものになりますから。

よくサウナに入ったことのない方を施設にお連れする機会があります。そういうときは、「この人ならどこのサウナが合うだろう」と思いをめぐらし施設を決めます。こちらも一廉《ひとかど》のサウナーとして、あくまでさりげなく、大人な感じで施設の魅力や「なぜこの施設にお連れしたか」をお話ししたりします。すると大抵、「五箇さん、施設の人みたいにうれしそうにサウナを語りますね」と言われます。自分が思うよりも想いがにじみ出ちゃっているのかもしれません。

「なんで人はサウナを人に勧めるのだろう」

ある意味、社会貢献ではないけれど、これでみんなが平和に心穏やかに暮らしていける一助を担えているのではないか？　誰かの気持ちが穏やかになるということは、人の「こころのごみ拾い」のお手伝いができているのではないか？　というのがいまのところの僕の持論です。

僕自身、サウナにだいぶ救われているのでお返ししたいという気持ちもあります。なので、僕もサウナを通じて出会ったみなさんに感謝したいと思います。

今回、素敵な表紙を描いていただいた『サ道』原作者のタナカカツキさん。出会った20年近く前にはこうしてサウナを通じていろんな創作をともにさせていただくことになろうとは、夢にも思いませんでした。カツキさん、本当に感謝しています。ありがとうございます。

サウナを通じて知り合った人々は数知れず、北は北海道、南は沖縄と日本全国に仲間ができたのもサウナのおかげです。みんな完全に初対面からサウナだけでつながっている人ばかり。でも会えばすぐにサウナに行き、サウナの話で意気投合します。逆に観光地へはまったく行かなくなりました（笑）。全国サウナ仲間のみなさん、いつも最高のサ旅をありがとうございます。

『文春オンライン』の連載から書籍化まで、取材にご協力いただきました日本全国の温浴施設のみなさま。みなさまの絶え間ない努力、お客さまに気持ちよくなってもらいたいという飽くなきホスピタリティ、そして新たなことに挑戦しようとするバイタリティには、いつも敬服します。ドラマ撮影時には無理なお願いにもかかわらず、ご協力いただき本当にありがとうございます。みなさまの存在があってこそ僕らは存在できています。

社長の酔狂なサウナ活動に付き合ってくれている株式会社ゴカの社員のみなさん。日々会社を支えてくれて本当に感謝しています。ありがとうございます。

マニアックな連載を続けさせてくださった竹田直弘さん、井﨑彩さん、書籍の編集をご担当

くださった馬場智子さん、蟹井あやさんをはじめ文藝春秋のみなさま、タイトなスケジュールでの書籍化、本当に感謝しております。

そして今回のきっかけを作ってくれて編集も担当していただいた辛島いづみさん。まずは川勝正幸さんに献本し、いずれ天国のサウナに入るときにはこの本を冥途の土産にしてサウナ談義をしようと思います。本当にありがとうございます。


ドラマが放送されてから、僕は「ありがとう。サウナに救われました」といろんな人に言われるようになりました。僕らテレビ制作者はお客さんの顔が見えづらい商売です。SNSでの反応はあるにせよ、直接面と向かってお礼を言われたり、「観てます」と言われたりすることは普段そう多くはありません。そういう意味ではドラマ『サ道』は本当に特別な存在です。

原田泰造さん、三宅弘城さん、磯村勇斗さんをはじめとするキャストのみなさん、番組を一緒に制作してくださっている長島翔監督、脚本家の根本ノンジさん。寺原洋平プロデューサーをはじめとするテレ東チーム、イーストチームの伊藤才聞、手塚公一プロデューサー、音楽のとくさしけんごさん、NEWTOWNチーム、撮影、照明、録音、美術、衣装、メイクなど関係者すべてのみなさまの存在があるからこそ番組は成り立っています。スタッフ全員の力の結晶であるドラマが、これだけサウナの魅力を伝え、人々の役に立っていると思うと心からうれしくなります。本当にありがとうございます。これからもどんなペースになるかはわかりませんが、この番組を一緒に続けていけることを心から願っています。

さあ、もう1セット入ってから帰ろうかな。

錦糸町ニューウイング4階の休憩所にて
サウナを愛するすべての方々に捧げる

五箇公貴

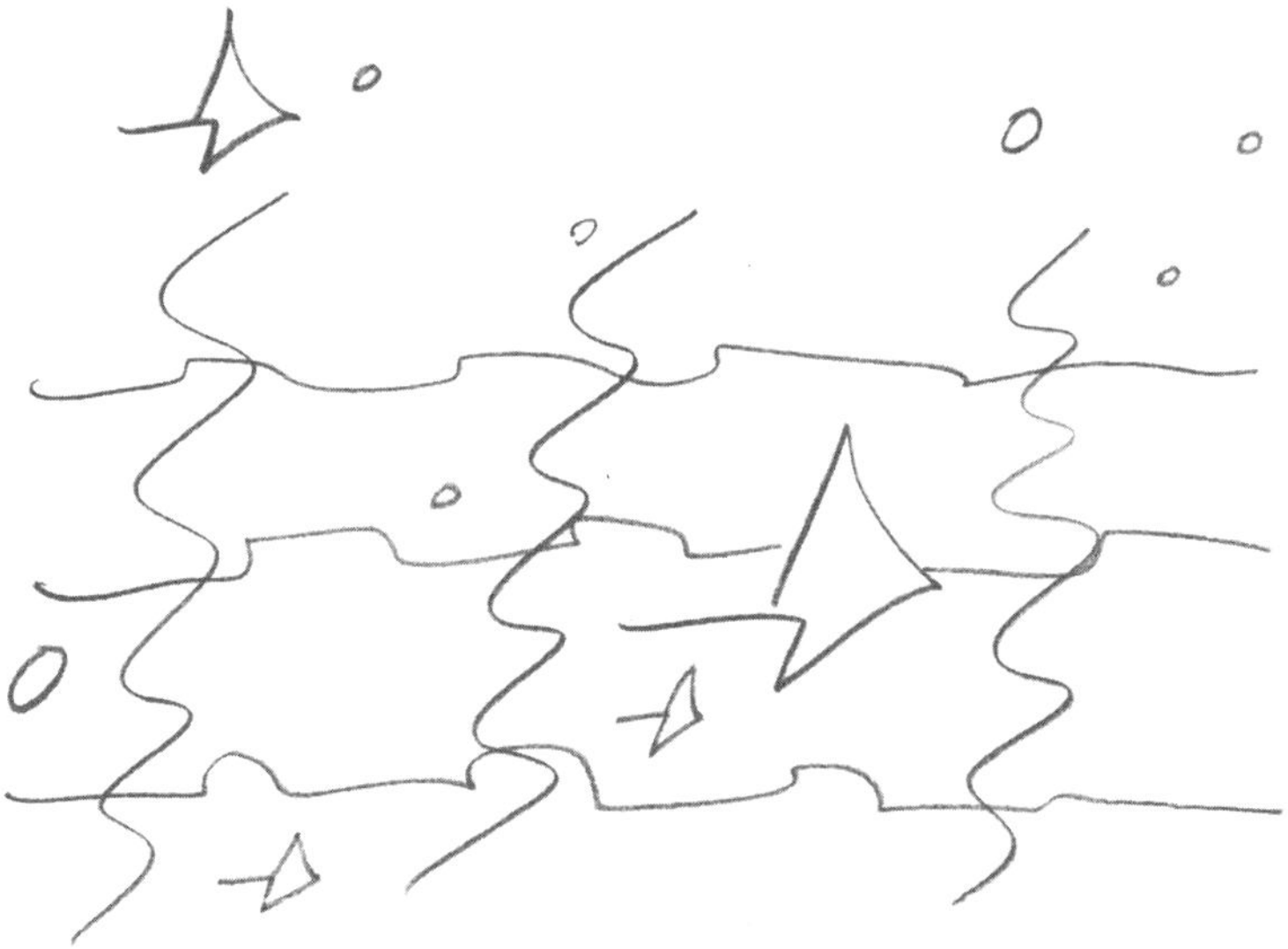

初出

本書は文春オンライン『サウナ人生、波乱万蒸。』

（２０２０年４月29日〜２０２２年８月17日掲載）を大幅に加筆修正し、

書き下ろしを含め再編集したものです。

五箇公貴（ごか・きみたか）
1975年、東京都北区王子生まれ。プロデューサーとしてドラマ、映画と多岐にわたり作品を制作。代表作に、ドラマ『サ道』、『電影少女』シリーズ、『100万円の女たち』、『湯けむりスナイパー』、映画『舟を編む』、『ゴッドタン・キス我慢選手権』、ドキュメンタリー『田原総一朗の遺言』などがある 。

サイコーサウナ

2023年1月10日　第1刷発行

著　者　五《ご》箇《か》公貴《きみたか》
発行者　鳥山 靖
発行所　株式会社　文藝春秋
〒102-8008　東京都千代田区紀尾井町 3-23
☎03-3265-1211
印刷・製本　萩原印刷

ISBN978-4-16-391639-2
Printed in Japan

①「御船山楽園ホテル らかんの湯」。
②「北海道アヴァント」。屈足湖。
③「スカイスパYOKOHAMA」の100人入るサウナシアター。

サウナ
シャキッ!
世間の水風呂温度の常識 18℃
神戸サウナ＆スパは
11.7℃
屋内に17℃の水風呂もございます。
水風呂に入る前には
必ず掛湯で汗を流して下さい。
(パンツは脱いでお入り下さい)

五箇公貴

文藝春秋